Christian E. Hannig wurde 1941 in Friedland geboren. Von Hauptberuf Fluglotse, durchlief er nebenbei eine schriftstellerische Ausbildung. Zunächst freier Mitarbeiter bei einer Tageszeitung und Autor von Reiseberichten, schrieb er 1989 sein erstes Buch.

Als Ausgleich für seinen Streß-Job hat er sich viele naturverbundene Hobbys zugelegt: allgemeine Tier- und Pflanzenkunde, das Sammeln von Versteinerungen und Mineralien, Naturfotografie – und natürlich das Reisen.

Seit vielen Jahren unternimmt er im Alleingang ausgedehnte Abenteuerreisen per Rad. Von dern Wüsten Afrikas bis hinauf zum nördlichen Eismeer, von Alaska bis nach Australien hat Christian Hannig weit mehr als eine Erdumrundung im Fahrradsattel zurückgelegt.

Weitere Titel des Autors im Verlag:
- Island – Vulkane, Eis und Einsamkeit
- Irisches Reisetagebuch
- Im Land der Schotten
- Polarlicht
- Abenteuer Mexiko

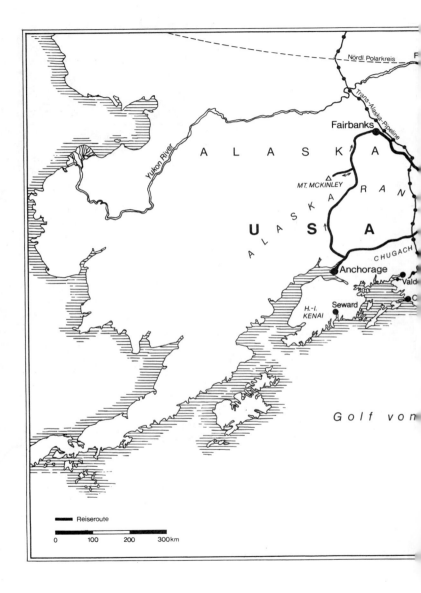

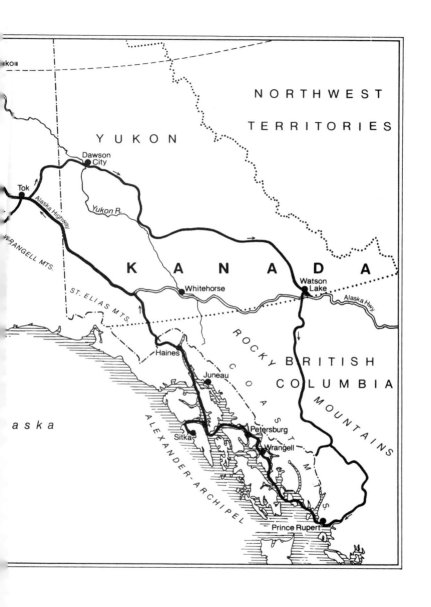

Christian E. Hannig

Mit dem Fahrrad durch Alaska

5000 km durch das Land der Bären

Die Deutsche Bibliothek – CIP-Einheitsaufnahme
Ein Titeldatensatz für diese Publikation ist bei
Der Deutschen Bibliothek erhältlich.

REISEN · MENSCHEN · ABENTEUER

3. überarbeitete Auflage 2001
SIERRA bei Frederking & Thaler Verlag, München
in der Verlagsgruppe Bertelsmann GmbH
© 1993 Frederking & Thaler GmbH, München
Alle Rechte vorbehalten
Fotos: Christian E. Hannig
Karte: Isolde Notz-Köhler, München
Umschlaggestaltung: Atelier Seidel, Altötting
Herstellung: Sebastian Strohmaier, München
Druck und Bindung: Presse-Druck Augsburg
Papier: Das Papier wurde aus chlorfrei gebleichtem Zellstoff hergestellt
ISBN 3-89405-068-3
Printed in Germany

www.frederking-und-thaler.de

Inhalt

Vorwort: Flug ins Ungewisse	9
Weg in die Wildnis	12
Die Psyche streikt	30
Auf den Spuren Jack Londons	43
Einsame Etappen	71
Zur Straße der Totems	91
Zarenadler und Sternenbanner	122
Stille, Kälte, Eiskulissen	133
Die Angst im Nacken	148
Wettlauf mit dem Winter	160
Brief an einen Toten	177
Nachwort:	
Vom Glück eines Pokerspielers	179
Glossar	181

Infos

Wir und die Indianer	185
Totems haben viele Gesichter	188
Mensch und Bär	190
Reisezeit und Wetter	198
Meine Tour im Detail	200
Bücher, Zeitschriften, Karten	203

*Dieses Buch ist meiner Mutter gewidmet.
Ihr Bangen und ihre guten Wünsche haben
mich auf all meinen Abenteuern begleitet.*

Flug ins Ungewisse

Der Steuerkurs der Boeing beträgt 330 Grad. Die langen, schwarzblauen »Finger«, die tief unter uns in eine faltige Bergwelt hineingreifen, das sind die westnorwegischen Fjorde: Hardanger-, Sogne-, Nordfjord; wir überfliegen die Landgrenze Europas. Bald ist Sichtkontakt zu Island zu erwarten. Dann müßte unser Flugweg Grönland berühren, später das Packeis. Bei diesem Blick voraus spüre ich deutlich die innere Spannung, die mich diesen Flug anders erleben läßt als frühere. Sie überlagert Neugierde und Vorfreude.

Mit »Alaska per Rad« lag dieses Mal ein Abenteuer vor mir, das sich mit den bisherigen Reisen nicht vergleichen ließ. War ein solches Unternehmen noch mutig zu nennen, oder war es bereits Leichtsinn? Schon ein Unwetter konnte die Tour beenden, ein Sturz auf einsamer Piste das »Aus« bedeuten.

Ich hatte eine etwa 5000 Kilometer lange Route abgesteckt: Anchorage, Mount McKinley, Fairbanks – weiter nach Dawson City am Yukon, dann hinunter zur Südspitze Alaskas, schließlich der lange Weg zurück nach Norden. Das klang vermessen; doch was war diese Distanz schon angesichts der Dimensionen des Kontinents? Alayeska, The Great Land, wie die Ureinwohner Alaska nannten, hatte drei Millionen Seen und 5000 Gletscher. Seine Landmasse entsprach der Westeuropas; seine Küstenlinie maß 33 000 Meilen – weit mehr als ein Erdumfang. Dann der Norden Kanadas, das Yukon Territorium – jene fast menschenleere Wildnis, in der es mehr Elche – und wohl auch Bären – als Siedler gab. Kein Wunder, daß man bei solchen Weiten meine Route auf der Landkarte mit dem Daumen abdecken konnte.

Der wolkenlose Himmel und die klare Luft erlauben eine fast grenzenlose Fernsicht aus dem Flugzeug; trotzdem ist Island nicht auszumachen, selbst das noch viel größere Grönland scheint im Meer versunken zu sein.

Es ist, als habe der Flugkapitän meine Gedanken erraten. Über den Bordlautsprecher gibt er nun bekannt, daß der Jetstream, den wir nutzen, so weit nördlich liegt, daß unsere Maschine eher dem Pol als den Nordmeer-Inseln nahe kommt.

Inzwischen schwimmen unter uns im Wasser die ersten »Zuckerstücke«. So jedenfalls nehmen sich – aus gut zehn Kilometern Höhe betrachtet – die schneebedeckten Eisschollen aus. Je weiter wir kommen, desto mehr verdichten sie sich, »verschmelzen« zu einer lückenlosen weißen Glasur. Das Polarmeer »erstarrt«. Wir befinden uns über der Arktis.

Der Reise war fast ein ganzes Jahr Planung vorausgegangen. Viele hatten mir Tips gegeben: der Abenteuer-Schriftsteller Elmar Engel, Professor Grzimek, der Bärenkenner Günter Baumgart. Doch bei meiner Suche nach einem Tourenbericht aus der Feder eines Radlers war ich erfolglos geblieben; selbst amerikanische und kanadische Stellen konnten mir hier nicht weiterhelfen. Alaska-Stories gab es genug, aber keine von jemandem, der mit »Fahrrad und Fahrtenmesser« gereist war. Und doch hätte es einen Gesprächspartner für mich gegeben: den Italiener Georgio Mazza. In einem der Bücher Elmar Engels war ich auf die tragische Geschichte dieses Pedalisten gestoßen.

Ein Blick auf die Uhr: Unser Flugzeug folgte der Sonne, das machte den Tag um viele Stunden länger. Noch immer glänzt unter uns geschlossenes Packeis. Aus dieser Höhe wirkt die Erdkugel wie der Panzer einer riesigen weißen Schildkröte. Doch irgendwann erreichen wir wieder offenes Wasser, die Beaufort-See. Ganz verloren schwimmt darin eine kleine Insel. Auf ihr schimmert etwas Grün, aber ihre Ufer werden vom Eis der Arktis bedrängt.

Die Nase der Maschine zeigt jetzt nach Süden, auf die Küste des amerikanischen Kontinents, doch von »Alayeska« ist vorerst nichts zu sehen. Eine hochfliegende Wolkenschicht liegt wie ein weißes Tuch über dem Land. Sie erinnert an eine endlose Schneefläche, an das Packeis, das wir stundenlang überflogen haben.

Wie ich, so hatte auch dieser Georgio sich den Traum von einer Alaska-Reise erfüllt. Er startete per Rad in Anchorage und kam zunächst bis nach Whitehorse im Yukon. Dort jobbte er den Winter über und setzte dann im Frühjahr die Reise fort. Da passierte es!

Es war nicht einmal ein Grizzly – sondern ein Schwarzbär.

Der erste Blick auf Alaska

Unbewaffnet – und nur sein bepacktes Rad als Fluchtmittel – hatte der Italiener gegen den Bären keine Chance. Daß Georgio diese Begegnung trotzdem überlebte, verdankte er einem beherzten Truckfahrer; denn dieser schoß das Opfer dem »Ursus«[1] buchstäblich aus dem Maul.

In dem Bericht von Elmar Engel heißt es, Georgio Mazza habe bei der Einlieferung ins Krankenhaus ausgesehen wie jemand, der versehentlich in eine Häckselmaschine geraten ist; und als man ihn – mit 300 Stichen wieder zusammengenäht – nach Wochen entließ, soll er einer »Mumie auf dem Weg ins Museum« geglichen haben. Diese Geschichte, so der Autor, sei kein Jägerlatein; sie ereignete sich im Mai 1978.

Für mich war diese Story die einzige, die ich über »Radtouren in Alaska« gelesen hatte – kein Wunder, daß meine Psyche sie so schwer verdaute wie der Magen eine überfette Kost. Ein Eindruck mehr, der diesen Flug für mich zu einem »Flug ins Ungewisse« machte.

Die Wolkendecke endet wie das Packeis: Sie »zerbröckelt«. Was für ein Anblick! Unter uns dehnt sich eine graugrüne Endlosigkeit – durchsetzt von einer Unzahl dunkler Wasserflächen: Tundra-Seen. Dann ein Fluß, ein Strom. Er mäandert, teilt sich, umarmt Landschollen und findet sich wieder. Kein Zweifel, der Yukon! Plötzlich ist es, als falte sich das Land. Bergketten wachsen empor; Schneefelder und Gletscher werden sichtbar. Der weiße, gebuckelte Riese zur Rechten, das müßte der Mount McKinley sein – gut 6000 Meter hoch, überragt er alle seine Nachbarn. Doch auch sie haben »Hochalpenformat«.

Ich mußte die Stadt Fairbanks völlig übersehen haben, obwohl sie doch hart an der Flugroute lag. Aber aus dieser Höhe – und bei der Weite des Landes – war sie vielleicht nur so groß wie ein Weiler.

Wir befinden uns bereits im Anflug auf Anchorage, und noch immer suche ich unten auf der Erde vergeblich nach Zeugen menschlichen Lebens. Keine Siedlung, keine Straße, keine Stromtrasse – nicht einmal eine Hütte ist zu sehen. Alaska scheint wirklich eine der »letzten großen Wildnisse« zu sein.

Nach einem rund 8000-Kilometer-Flug setzt die Maschine weich auf. Langsam rollt sie in Richtung Terminal. Aber selbst jetzt spüre ich nicht das Kribbeln, das sonst jedem Start in ein Abenteuer vorausgeht. Meine Gedanken sind in diesem Augenblick wieder bei Georgio Mazza.

Weg in die Wildnis

Der Flughafen von Anchorage ist für die Luftfahrt lediglich eine Art Service-Station. Die Polar-Route, der kürzeste Weg von Europa nach Japan, führt über Alaska; es werden hier die Crews ausgewechselt, die Maschinen aufgetankt. Oft verlassen die Passagiere nicht einmal das Flugzeug – und wenn, dann nur um sich nach langem Sitzen die Füße zu vertreten. Wer möchte hier auch schon freiwillig aussteigen? Allenfalls ein paar Großwildjäger, Geschäftsleute aus der Ölbranche, Abenteurer und Goldsucher. Die Boeing war zudem fast ausschließlich mit Japanern besetzt, ihr Ziel: Tokio. So stehe ich allein und etwas verloren wirkend an der Gepäckausgabe. Fahrrad, Rucksack und Taschen händigt man mir mit einem freundlichen »Your luggage!« persönlich aus. Die Frage, ob das alles zu mir gehört, erübrigt sich; bin ich doch im »International Airport Anchorage« der einzige Fluggast.

Am Zoll begegnet mir die Crew. Leute, deren Beruf das Fliegen ist, zeigen eigentlich keine dörfliche Neugier, aber einen Passagier mit Fahrrad, den hatten wohl auch sie hier zum ersten Mal abgesetzt.

»Guckt mal!« Das war die Stimme des »Co«[2]. Die Gruppe bleibt stehen, dreht sich nach mir um. Stutzen und Staunen. Die Blicke, die mich treffen, sind ein Gemisch aus Belustigung und Unverständnis. Mit dem Fahrrad durch Alaska? Ein Verrückter, ein Aussteiger! Mit dem Gepäck beschäftigt, gelingt es mir, einem neugierigen Gespräch auszuweichen.

Aha, der Klassenunterschied! Die Herren und Damen in Dunkelblau werden vom Zollbeamten »durchgewinkt«, mir dagegen signalisiert der Uniformierte schon auf Distanz mit dem Zeigefinger: »Stopp!« Sein Kollege gesellt sich dienstbeflissen hinzu; es sieht ganz so aus, als witterten die beiden ein Opfer.

Die Hand, die sich mir nun entgegenstreckt, ist keineswegs zur Begrüßung gedacht; diese »fordernde Geste« heißt schlicht: »Your passport!« Hier sehe ich eigentlich noch kein Problem; am Visum dürften die beiden Beamten nichts auszusetzen haben, und der Vergleich von Paßfoto und Visage brächte wohl auch Übereinstimmung.

»Anything to declare?« »Hast du was zum Verzollen?« beginnt der ältere das Verhör. Da mir die strengen US-Bestimmungen bekannt sind, sage ich gleich die Wahrheit. In meinem Gepäck befindet sich ein Paket Milchpulver, ein dummer Vorsorgekauf – aus der Angst heraus, so etwas hier nicht gleich zu bekommen. Dabei war die Einfuhr von Agrarprodukten streng untersagt. Um die Beschlagnahme der Trockenmilch zu verhindern, benötigte ich unbedingt die Sympathie der beiden. Stimmte es nun, daß dies bei Amerikanern am ehesten über die Sprache zu erreichen war, so mußte ich es damit versuchen. Meine Vokale klingen daher besonders »breitgekaut«: »Well, I've something little – some dried milk, but the package is still closed – so it should be perfect sterile.« (Nun, ich hab' da eine Kleinigkeit, etwas Trockenmilch; aber die Verpackung ist noch geschlossen, so ist der Inhalt absolut keimfrei.) Zum Beweis hole ich das Päckchen hervor und halte es dem Zöllner entgegen. Dieser scheint sich für die »dried milk« überhaupt nicht zu interessieren, statt dessen meint er, mein Englisch klänge nach »East Coast«. Sein Kollege, der den Paß hält, verbessert ihn: »A German!« Ich antworte mit einem noch breiteren »Well!« (was eigentlich gar nichts heißt) und halte das Päckchen Milchpulver ein Stückchen höher: »Here!« Jetzt greift der eine Beamte danach. Er schüttelt es, betrachtet die Verpackung von allen Seiten und reicht es dann seinem Kollegen. Dieser wiederholt den »Test«. »Okay!« Mit seinem »In Ordnung!« habe ich, was ich brauche, die Einfuhrgenehmigung. Gleichzeitig endet wohl auch der offizielle Teil der Kontrolle. Das eher private Ausfragen beginnt.

Wo ich mit dem Rad hinmöchte? Ob ich denn überhaupt wüßte, lästert der eine, daß ich mich in Alaska befände? Wie viele »Speed« (Gänge) das Bike hätte, es sähe doch ganz nach »normal touring« aus? Der Frager greift nach dem Rad, hebt es an: »Looks like light metal!« Scheint aus Leichtmetall zu sein! Seine Stimme kling verblüfft. Ich bestätige ihm die Vermutung: »Right, aluminium!« Als ich den beiden dann sage, daß ich damit zum Yukon River möchte – und noch ein ganzes Stückchen weiter, schauen sie einander an: »Mit so einem Ding? Ganze ›Three-speed‹ – und nicht einmal aus solidem Material!« Ihr »He must be crazy!« liegt geradezu in der Luft. Sie drücken es nur geschickt ironisch aus, indem sie mir bestätigen: »*Your are in Alaska!*«

Nun, ich weiß, daß eine harte und nicht ungefährliche Tour vor mir liegt; ich weiß, wie es Georgio Mazza ergangen ist, und ich wüßte in diesem Augenblick gerne, welche Probleme da draußen auf mich warten. Doch Spott konnte ich zum Start in ein solches Abenteuer am wenigsten gebrauchen. Aber die bissige Antwort, die ich auf den Lippen habe, verkneife ich mir. Mein weiteres Gepäck scheint die Zöllner gar nicht mehr zu interessieren. Wer mit einem Fahrrad und einem Päckchen Milchpulver nach Alaska kommt, der wird wohl kaum Waffen und Drugs schmuggeln. So entlassen mich die Beamten mit einem »Good luck!«. Ich werfe Taschen, Rucksack und Gepäckrolle lose über das Rad, bedanke mich mit einem lässigen Handheben und balanciere meine »Luftfracht« aus der Halle. Vor dem Flughafengebäude mache ich das Rad startklar. Auf den nächsten 5000 Kilometern bräuchte ich wohl das Glück, das man mir soeben gewünscht hat.

»In Anchorage you won't find tobacco-chewing cowboys shuffling along dusty streets...« In Anchorage wirst du keine Cowboys antreffen, die tabakkauend durch die staubigen Straßen schlendern... Die Werbemanager, die dies formulierten, hatten recht. Anchorage war kein Pendant zu Tombstone; der Wilde Westen lag 9000 Kilometer weiter südlich, und doch war diese Stadt typisch amerikanisch: schreiende Reklame, quirliger Verkehr, eine Time-is-money-Atmosphäre, dazu voll auf der Touristik-Schiene. Man konnte wählen: vom Golfspiel auf dem Court an der Airforce Base bis zur Unterhaltungsshow mit Larry Beck, dem »Barden Alaskas«. So mancher Pionier, hieß es, würde – wieder hierher versetzt – staunen, daß dort, wo er früher Heidelbeeren pflückte, jetzt ein modernes Gebäude steht – denn Aluminium- und Glasfassaden haben das Holz der alten Hütten abgelöst. So befinde ich mich zwar in Alaska, und doch inmitten einer dynamischen, hektischen Gesellschaft.

Aber Anchorage hatte noch ein zweites Gesicht, eines voller »sozialer Schattenfalten«; Werbung und Wirklichkeit klafften da weit auseinander. Der Schuhputzer im Empfangsgebäude für Domestic Flights[3] ist natürlich ein Schwarzer, ebenso der Kofferkuli. Entlang der Airport Road werden gerade Kabel verlegt; die Dreckarbeit machen Indianer oder Mischlinge, die Befehle gibt ein Weißer. »Job« oder »Profession«, das schien hier eine Frage der Hautfarbe zu sein.

Mit kritischem Blick radle ich durch die rechtwinklig angeordneten Straßen. Vor einem Geschäft für Goldgräberausrüstung lümmeln Indianer herum. Die meisten von ihnen sind angetrunken; manche schlafen ihren Rausch im Stehen aus. Nur wenig weiter ein ähnlicher Anblick: »Natives«[4] mit der Kopfhaltung eines müden Gauls; und wen die Beine nicht mehr tragen, der liegt im Staub des Bürgersteigs.

All diese »Heimatlosen« haben offensichtlich einen gemeinsamen Treffpunkt, eine Art Sozialstation. Wahrscheinlich bin ich

Anchorage: Wo früher Pioniere Heidelbeeren sammelten – Beton und Glas haben die alten Holzhütten weitgehend abgelöst

einer der ganz wenigen Touristen, die hier neugierig sind. An den Tischen hocken fast ausschließlich Indianer, schmuddelige, schäbig gekleidete Gestalten. Nur wer um die geschichtlichen Zusammenhänge weiß, der erkennt in diesen Männern und Frauen die rechtmäßigen Erben Alaskas. Das hundertfache Elend ist eine Anklage.

Später begegnet mir einer der »Sozialhilfeempfänger« wieder. Der alte Mann möchte eine Rasenfläche überqueren, doch dann werden seine Schritte ziellos.

Schließlich läßt er sich fallen, rollt sich zusammen, faltet die Hände zum Kopfkissen. Dieser Anblick weckt Assoziationen zu einem Hund, der seinen Schlafplatz gefunden hat.

In diesem Augenblick kommen vom Abhang über der Alaska Railroad Station schrille Schreie. Dort streitet sich ein Paar; es hagelt Schläge und Fußtritte. Ein Dutzend anderer Natives feuert die beiden an. Ineinander verkrallt rollen die zwei den Hang hinunter; niemand kümmert sich um die Schreie der Frau.

Ich war auf solche Bilder vorbereitet. Es *konnte* nicht anders sein. Das Schicksal eines Athabascan glich dem eines Navajo, eines Apachen aufs Haar. Mit wenig freundlichen Gedanken radle ich zurück zum Campingplatz.

Nun gilt es die gesamte Ausrüstung noch einmal zu überprüfen: die Lager des Rades, Speichenspannung, den festen Sitz jeder Schraube. Wichtige Kartennotizen sind nachzutragen. Morgen früh beginnt ein Abenteuer, bei dem sich Nachlässigkeiten sofort rächen würden. Für Autofahrer, so hieß es, liege die Wildnis nur 20 Minuten von Anchorage entfernt, doch für einen ortsunkundigen Radler können Stunden daraus werden. So finde ich am nächsten Tag zwar die Ausfallstraße in Richtung Matanuska River, verpasse jedoch mangels Hinweisen den Beginn des neuen Radweges. Statt dessen weitet sich der Highway, auf dem ich radle, unvermutet zur Autobahn. Das kann nicht gutgehn! Binnen Minuten lerne ich die Hupenklänge der verschiedenen Wagentypen kennen. Einer der Fahrer drängt mich brutal an den äußersten Trassenrand, ein anderer zeigt mir den »Vogel«: »Bloody cyclist!« So kurve ich bei der nächsten Ausfahrt mit einem ketzerischen Kompliment an die Motorwelt wieder von der Komfortpiste.

Alle, die ich nun nach der »line for cyclists« frage, wissen zwar, wie man per Auto zum Parks Highway kommt, aber mit einem Bike...? Ich werde weitergereicht: vom Caravan-Händler zum nächsten Wohnhaus, von dort zur Tankstelle. Was ich zu hören bekomme, sind lediglich »artige Höflichkeiten«.

Endlich finde ich den Radweg. Wer konnte auch ahnen, daß seine Zufahrt in einer mannshohen Blechröhre liegt? Dafür leitet er mich nun direkt in die Wildnis – und dies im wahrsten Sinne des Wortes. Ein paar Kilometer östlich von Anchorage endet er so unüblich, wie er begonnen hatte – abrupt im Wald. Ich muß das schwerbepackte Rad durch den Busch auf die Straße zurückschieben – eine Knochenarbeit. Immerhin hat der Highway hier inzwischen einen normalen Status. So sind auf ihm jetzt auch »bloody cyclists« geduldet. Der hindernisreiche Tourenbeginn beschäftigt mich noch gedanklich, da erfolgt bereits das nächste Mißgeschick. Jeder Radler kennt das. Erst wird das Laufgeräusch »klebrig«, dann das Treten mühsamer: ein Plattfuß! Nur geht es bei mir jetzt viel schneller als üblich. Aus dem hinteren Reifen entweicht die Luft mit einem lauten »Fttt!«, und schon rumpelt das Rad. Es muß mehr als ein Dorn oder Glassplitter gewesen sein. Bei einem Gang zurück entdecke ich die Ursache: Von schweren Truckreifen in den Asphalt gepreßt, ragt ein Baunagel aus dem Straßenbelag. So etwas durchsticht sogar Motorradreifen. Kaum zwanzig Kilometer war ich gefahren – und schon die erste Panne! Diese Tour fing ja gut an!

Absatteln, Aufbocken, Schlauchwechsel. Hoffentlich hatte der Mantel nicht zu viel Schaden genommen, denn trotz mitgeführtem Ersatzreifen dürfte es bei der abgesteckten Distanz knapp werden. Wie ein Reiter, dessen Pferd weit vor dem Ziel schlappgemacht hat, schwinge ich mich wieder auf mein Rad. Der Hindernis-Parcours liegt ja noch vor mir.

Inzwischen habe ich bereits den Eagle River passiert, aber noch immer läßt das richtige Alaska auf sich warten. Relativ dichter Autoverkehr, Streusiedlungen, Reklameschilder: Die Maschen der Zivilisation sind hier noch recht eng.

Jetzt bietet sich ein kleiner Abstecher an – hinüber in das alte Indianerdorf Eklutna. Es liegt nur wenige Kilometer vom Highway entfernt. Doch kaum habe ich den vor der Siedlung gelegenen Friedhof passiert, kehre ich entmutigt wieder um. Noch nie war mir so unverhohlener Weißenhaß entgegengeprallt. Jeder Blick, der mich trifft, drückt Verachtung aus. Dabei wirke ich in meinem Busch-Look eher ärmlich, und vorsichtshalber habe ich die Kameratasche unter dem Regenschutz versteckt. Nichts sollte die Indianer provozieren. Aber sie machten keinen Unterschied. Offensichtlich war jeder Weiße für sie ein »Besatzer».

Wieder auf Höhe des Friedhofs, mache ich einen letzten Versuch; ich spreche einen der mir entgegenkommenden Männer an: »Sorry...« Der Indianer »überhört« mich. Er geht an mir vorbei, als sei ich Luft. Enttäuscht und nachdenklich geworden, radle ich zurück. Ich werde auf dieser Tour wohl noch viel lernen müssen.

Der Matanuska River! Endlich der erste freie Blick ins Land: Wälder, Sümpfe, ferne Schneegipfel. Auch wenn die nächste Siedlung noch in Sichtweite liegt – plötzlich wird Alaska »groß«.

Dies ist Wasilla, ein typisches »Highway Village«: Tankstellen,

Der große Regen naht

Service-Stationen, Supermärkte. Bei einem Blick auf das Gastronomie-Angebot konnte man meinen, Goldsucher aus aller Welt hätten hier – nach erfolglosem »Waschen« – umgesattelt. Der »Chinese« bot fernöstliche Spezialitäten an, bei »Pancho« gab's »Chili con carne«, und auf »Evangelos'« Speisekarte stand »Pizza à la Romana«. Da konnte es bis zu Karibu-Steaks, Bärenschinken und Blaubeerkuchen beim »Alaskaner« nicht weit sein. Doch ich begnüge mich mit einem Vorratskauf im Supermarkt.

Vielleicht hätte ich den Tag Anchorage streichen und die Tour sofort nach der Landung beginnen sollen. Der vom Pazifik her wehende Südwind hatte Regenwolken im Schlepp. Man brauchte nicht Meteorologie studiert zu haben, um bei der sich jetzt nähernden Wetterfront eine Vorhersage zu wagen. Die Gebirgskette der Alaska Range war gut 700 km lang, mit einem Höhenkamm bis 6000 Meter. Die von See heranziehenden Wolken mußten sich an dieser Barriere stauen; blieb es bei der Windrichtung, dann wäre endloser Regen die Folge. Der kritische Blick zum Himmel macht mir sofort klar: Hier hilft nur eine schnelle Flucht; dem Sauwetter mußte ich zuvorkommen!

Wasilla liegt an der Alaska Railroad. Es gab hier sogar eine kleine Station. Da hatte ich meine »Chance«. Doch ich finde den »Blockhaus-Bahnhof« vernagelt, nirgendwo ein Fahrplan, keine Spur von einer noch genutzten Station. An der Tankstelle weiß man auch nichts Näheres über Zugverbindungen, aber man hilft mir mit einer Anchorager Telefonnummer weiter. Die Auskunft, die mir die Dame am Apparat gibt, klingt nicht gerade ermutigend. In Wasilla, so sagt mir die Angestellte der Alaska-Bahn, hielte nur eine Art Bummelzug – und auch dann nur »on flag«, auf Zeichen. Der nächste käme in fünf Tagen. Damit ist mein »Fluchtplan« gescheitert, denn eine solche Wartezeit konnte ich mir nicht erlauben. Die Misere vorausahnend, mache ich mich auf den Weg durch die Berge. Irgendwo hinter vielen Horizonten lag der Caribou Pass, das »Tor ins Innere Alaskas«. Hätte ich es nur bereits hinter mir!

Pittman, Houston, Nancy: Man sollte die dicken, schwarzen Punkte, die die Stationen auf der Landkarte markieren, durch nadelstichgroße ersetzen. Auch bei den Namen täten es viel kleinere Buchstaben; das wäre fairer. So vermutete man Kleinstädte, wo sich kaum mehr als eine Tankstelle im Busch befand. Die Übertreibungen der Kartographen sind ein Indiz dafür, daß ich mich der Zivilisationsgrenze nähere. Jetzt galt es Erwartungen zurückzuschrauben; das Land setzte nun die Maßstäbe.

Längst hat mich der Regen eingeholt. Ich radle in »Montur«. Vom Rand meines Südwesters rinnt das Wasser wie von der Traufkante einer Blockhütte. Die Quecksilbersäule des kleinen Thermometers, das ich am Gürtel trage, hat sich bei zehn Grad eingependelt. Einige Stunden später sackt sie auf sieben Grad ab. Vor mir liegt die erste feuchtkalte Nacht im Busch.

Ganz bewußt habe ich auf die Annehmlichkeiten eines Campingplatzes oder gar einer Lodge verzichtet. Zum einen war mir nicht nach der Gesellschaft von Caravan-, Mobile- und Geländewagenfahrern, zum anderen wollte ich »eintauchen« in diese mir fremde Natur. Ich mußte sie »begreifen« lernen, ihre Sprache verstehen; ich mußte in der Lage sein, nächtliche Geräusche zu orten, zu erkennen: das Aufschlagen eines Zapfens, das Brechen von dürrem Birkengeäst, das Knarren eines Baumstammes im Wind. Und selbst wenn es das Leben im Busch komplizierte, so hatte ich vor, vom ersten Tag an alle »Spielregeln«, die im Bärenland galten, einzuhalten. Beim Zeltaufbau waren See- und Flußufer zu meiden. Die Lebensmittel gehörten bärensicher aufgeseilt. Essen im Zelt war *bei jedem* Wetter tabu. Eine lange Liste Vorsichtsmaßnahmen hieß es zu beachten; selbst Seife war ein Lockmittel für Bären.

Bevor ich dann in meine Stoffhütte krieche, lege ich noch einen Köder aus, es ist eine Art Test. Ein Stück Thunfischpapier. Ich verbrenne es aber nicht, sondern deponiere es in großer Entfernung vom Zelt unter einem Stein. Ihn könnte eigentlich nur ein kräftiges Tier zur Seite wälzen. Die Stelle ist so weit von meinem Camp entfernt, daß ich mir, um sie überhaupt wiederzufinden, den Weg dorthin mit Bruchholz markiere. Dann liege ich im Schlafsack und lausche in die Nacht. Lange versuche ich vergeblich, die Gedanken an Georgio Mazza zu verdrängen. Zwar gab es da den Ausspruch eines erfahrenen Rangers: »Nature seems to respect the sleeping creature!« (die Natur scheint schlafende Lebewesen zu respektieren), doch die erste Nacht in der Wildnis bleibt immer eine Mutprobe.

Irgendwann höre ich ein rauhes Husten; es klingt wie das eines alten Mannes. Schleicht draußen jemand herum, oder ist es ein Tier? Ein gutes Dutzend solcher verdächtiger Geräusche »beschäftigt« mich; genau deuten kann ich keines von ihnen. Die Wildnis Alaskas vom Fernsehsessel aus – oder »live« erlebt, was für ein Unterschied!

Am nächsten Morgen regnet es, heftiger noch als während der Nacht. Bei einem solchen Wetter fällt es schwer, *keine* Todsünde zu begehen. Während ich weit abgesetzt vom Zelt frühstücke, verdünnt mir Regenwasser den Tee, und das Brot weicht durch. Mißmutig spiele ich »Selbstbetrachtung«: Was für ein jämmerlicher Anblick – ein kleines Zelt, ein Fahrrad, dazu ein Menschlein in blauer Regenmontur, das alles in Alaska, »im Busch«, irgendwo nördlich des Susitna River. Doch es gibt auch Grund zur Freude. Was ich befürchtet hatte, war nicht eingetroffen. Mein Verpflegungsbeutel war von den allgegenwärtigen »Squirrels«[5] nicht entdeckt worden. Daß mich diese geschickten Kletterer, während ich schlief, ausplünderten, war nämlich eine meiner Sorgen.

Das Fischpapier! Ich stemme mich hoch, mache mich auf den Weg zu dem Köder. Er ist verschwunden. Der Stein, den ich zum Beschweren benutzt hatte, liegt anders, als von mir am Vorabend ausgerichtet. Niemand braucht mir zu sagen, *wer* hier war, während ich schlief. Verunsichert blicke ich umher. Ich mache mir selbst Mut: »Ruhig Blut! Was ist schon passiert? Fischgeruch wirkt auf Bären wie ein Magnet auf Eisenspäne; du hast durch diesen Test lediglich die Bestätigung dafür erhalten, wie gefährlich es wäre, Lebensmittel im Zelt aufzubewahren!«

Nachhaltiger als dieses Erlebnis mit dem Fischpapier hätte mich nichts vor solchem Leichtsinn bewahren können.

Was ist unangenehmer für einen Radler, als ein Zelt im Regen abzubauen, um dann in einen »Nässetag« hinaus zu müssen? Aber wollte ich hier am Fuße der Alaska Range nicht versauern, so blieb mir gar keine andere Wahl.

Der Parks Highway, diese »Straße der 40 Brücken«, führte sicherlich durch eine grandiose Natur; allerdings sah man bei einem solchen Wetter nichts davon. Die Schneegipfel der Talkeetna Mountains, die Gletscher, die den Eisfeldern des »Silverthrone« entströmen, die Schlucht »Hurricane Gulch« – das alles bleibt mir verborgen. Dichte Regenvorhänge wickeln die Landschaft ein.

Ein Brummen nähert sich. Es scheint aus den Wolken zu kommen. Für einen Augenblick wird über mir ein kleines Flugzeug sichtbar; statt Rädern hat es Schwimmer am Fahrwerk. Der Pilot folgt im Tiefstflug der Straße; er nutzt sie zum Navigieren.

Schon seit dem Vortag führt der Highway fast stetig bergan.

Auf dem Weg ins Landesinnere:
Permafrost macht die Straße zum Steinacker

Wellenförmig »pumpt« er sich auf Höhe. Laut Karte dürfte während der nächsten 200 Kilometer der Berggang der meistgebrauchte sein. Der Regen hat sich noch verstärkt, und so tief hängen jetzt die Wolken, daß die Bäume das Wasser aus ihnen auskämmen. Ich halte, mache Fingerübungen gegen die Kälte. Mit solchen Erschwernissen hatte ich zwar gerechnet, aber die Natur brauchte mich ja nicht gleich zu Beginn der Tour so hart auf die Probe zu stellen.

Es wäre sinnlos, sich bei solchen Wetterbedingungen feste Etappenziele vorzunehmen, um dann unter dem Zwang zu radeln, diese auch erreichen zu müssen. Weil ich das erkenne, verdrücke ich mich schon nach knapp 50 Kilometern wieder in den Busch. Für heute reichte das »Wassertreten«.

Auch in den folgenden Tagen komme ich nicht richtig voran. Da gibt es Tagebuchnotizen, wo ein einziges Wort für die Erlebnisse während 48 Stunden steht: »Dauerregen!«

Heute bin ich wieder auf Strecke. »Breathtaking views«, atemberaubende Ausblicke, verspricht der Alaska Travel Guide für diesen Abschnitt des Parks Highway; schaut man aber in die Landschaft, dann ist es, als betrachtete man eine graue Tapetenwand. Trotzdem registriere ich Veränderungen in der Natur: Der Wald lichtet sich, dafür wird das Unterholz aus Weiden und Zwergbirken immer dichter. »Brush«, Bürste, nennen es die Alaskaner – eine treffende Bezeichnung für diesen mannshohen »Urwald«. Wer darin herumstöbert, der läuft Gefahr, einen schlafenden Grizzly aufzuschrecken. »Ein überraschter Bär greift an!« Diesen Lehrsatz habe ich anscheinend besonders verinnerlicht. Jetzt kommt er mir plötzlich in den Sinn.

Inzwischen habe ich wohl die Grenze der normalen Zivilisation passiert. Statt Siedlungen gibt es nur noch »Stationen«, und zwar in Abständen für Autofahrer. Auch der Zustand der Straße läßt zu wünschen übrig. Vorbei ist es mit Komfort-Asphalt. Der Belag ist aufgebrochen und sieht streckenweise wie »umgepflügt« aus. Offensichtlich kommen die Straßenbauer mit der Reparatur der Permafrostschäden nicht nach. Um das Rad zu schonen, schiebe ich es.

Weiter zurück war mir eine Busch-Bar aufgefallen. Vor ihr baumelte an einem Galgen die mannshohe Puppe eines Ganoven. Dann hatte ich das »Sperrholz-Postamt« von Trapper Creek passiert. Das Gebäude sah arg »improvisiert« aus. Nun halte ich wieder vor so einem Einöd-Posten: Zapfsäule, Blockhaus-Store, ein Schuppen als Reparaturwerkstatt. Funkantenne und Parabolspiegel signalisieren den Anschluß an die Außenwelt. Ich ergänze meinen Verpflegungsvorrat, beantworte die üblichen Fragen (Woher? Wohin? Welche Nationalität?) und bin schon wieder auf Nordkurs.

Für ein paar Minuten kommt die Sonne durch; es ist ihr gelungen, ein Loch in die Wolken zu brennen. Doch die Freude währt kurz, die nächste Regenstaffel holt mich bereits ein. Alles wie gehabt!

Mein Hauptproblem ist inzwischen die Bekleidung. Bei der körperlichen Anstrengung war ein Nässestau von innen gar nicht zu vermeiden; da halfen auch keine »atmenden« Gewebe. Jeden Abend müßte die Wäsche übertrocknen – aber wie, bei 100 Prozent Luftfeuchtigkeit? Und das Lagerfeuer, das in Gang zu bekommen immer schwieriger wurde, reichte gerade für einen Topf Tee.

Wieder einmal in meiner klammen Stoffhütte, kommen mir erste Zweifel an der Durchführbarkeit dieser Tour. »Alaska per Rad« das war für ein Kind der Zivilisation wohl eine Schuhnummer zu groß. Mit Hilfe eines kleinen Naturführers unterdrücke ich die keimende Resignation. Das Büchlein mit dem Titel »Northwestern Wild Berries« gehört zu meiner Ausrüstung; denn beim Erweitern der Speisekarte mit dem, was der Busch bot, wollte ich nicht etwa eine »Bastard Toad-Flax«[6] mit einer »Fairy Bell«[7] verwechseln: Biologiestudium in verregneter Einsamkeit!

Am nächsten Morgen bekomme ich Besuch. Wie aus dem Nichts erschienen, steht vor dem Zelt plötzlich ein »Trapper-Typ«. Nur die gelbe Plastik-Regenjacke, die der Mann trägt, ist bei der zünftigen Erscheinung ein kleiner Stilbruch. Leider will zwischen uns kein richtiges Gespräch in Gang kommen; Typen wie dieser sind schweigsame Menschen. Er murmelt etwas von »Landvermessung«, das Rad habe ihn angelockt; das wäre »something damn strange« (etwas verdammt Ungewöhnliches). Ansonsten könnte man das Zelt »glatt übersehen«.

»Good camouflage!« (gut getarnt) lobt er mein Versteck. »Take care!« Mit diesem »Paß gut auf!« ist er schon wieder weg. Ich schaue ihm nach; ein Stück Wild könnte nicht schneller im Busch verschwinden als diese Gestalt.

Mir war die schwarze Kordel aufgefallen, die vom Hals des Landvermessers leicht durchhängend in die Brusttasche seiner Regenjacke führte. Kein Zweifel, daran hing eine Trillerpfeife. Es gab viele Theorien, wie man sich Bären vom Leibe halten konnte. Manche schworen auf den »Kiesel im Eßgeschirr«[8], Professor Charles Jonkel, ein Grizzly-Experte, hatte es mit rotem Pfeffer versucht – eine Handvoll davon dem Bären ins Gesicht geworfen, machte ihn angeblich zeitlebens menschenscheu. Andere wieder bevorzugten »persönliche Tricks«. Ich selbst führte nur eine Trillerpfeife als »Distanzwaffe« mit, und die Beobachtung, die ich bei dem Landvermesser gemacht hatte, bestätigte mir die Theorie, daß ihr Ton Bären »entnervte«. Doch hoffentlich kam es erst gar nicht zu einer solchen Begegnung.

Inzwischen befinde ich mich schon ein paar hundert Kilometer von Anchorage entfernt; aber der Bazillus, welcher das sogenannte »Alaska-Fieber« hervorruft, hat mich bisher nicht befallen; wie könnte er auch? Es regnet noch immer. Die Landschaft trieft vor Nässe; und der Parks Highway pendelt weiter bergauf. In den Wolken scheint noch genug Platz für ihn zu sein. Statt Euphorie macht sich bei mir Enttäuschung breit. Doch unvermutet buckelt die Straße; *ein* Ziel ist erreicht, der Karibu-Paß.

Dieses »Tor ins Innere Alaskas« hatte ich mir ganz anders vorgestellt – als Felsdurchbruch inmitten einer wilden Landschaft, als richtiges »Tor«, ähnlich der Lappenpforte[9]. So aber rolle ich über einen wenig spektakulären Bergsattel. Die eigentlichen Attraktionen liegen weiter westlich: »Mount Mather«, »Mount Foraker«, der »Silverthrone«. Schon in diesen Schneeriesen könnte man unsere Zugspitze »verstecken«, und doch degradierte sie ihr Nachbar, Mount McKinley, zu Emporkömmlingen. Wo lag nun dieses gewaltige Kolosseum aus Fels, Schnee und Eis? Ein suchender Blick in die Runde: Durch die alles verdeckenden Wolken scheint nur der kalte Atem der Berge zu kommen. Ich ziehe die Ärmel der Regenjacke bis an die Fingerspitzen und radle frustriert weiter.

Das miserable Pazifik-Wetter, so meine Hoffnung, müßte jenseits des Gebirgszuges Föhn zur Folge haben; und jetzt, wo ich langsam auf die Lee-Seite komme, rechne ich damit, endlich wieder die Sonne zu sehen.

Die alte Meteorologen-Weisheit bewahrheitet sich. Als ich den Cultina River passiere, klart es auf. So viel Licht, dazu sogar ein Hauch sommerlicher Wärme – das erhellt auch die Psyche.

Nur noch wenige Kilometer, und ich habe den Denali-Nationalpark erreicht. Als ich – unter blauem Himmel – auf dem dortigen Campingplatz mein Zelt aufbaue, kommen mir die zurückliegenden Regen-Etappen bereits wie ein böser Traum vor. Ein Pedalist mit schwerbepacktem Rad, unweit des Mount McKinley: Das sah für das Publikum ganz nach »großer Tour« aus. Schon kommen die ersten Frager. Man gibt meine Auskünfte an die »zweite Reihe« weiter: »A German! He is heading for the Yukon...!« Prompt folgen »Mitleids-Angebote«: ein Becher Kaf-

Der 6194 Meter hohe Mount McKinley steckt mit seinem Gipfel fast immer in den Wolken

fee, ein Päckchen Kekse, eine Orange. Nun schiebt sich ein älteres Ehepaar vor: »How about bears...? Wie ist das mit Bären? Wie vielen bist du schon begegnet? Was für eine Waffe hast du...?« Die Fragen der beiden klingen mir arg nach Sensationslust; sie sehen auch nicht gerade nach Campingplatz-Bewohnern aus. Ich zeige ihnen meine Trillerpfeife: »That's my weapon!« *Das* ist meine Waffe! Die Antwort klingt erschrocken-ungläubig: »My goodness!« Natürlich, das war nichts für »Old Mam and Dad«. »Geht mal wieder rüber in eure Lodge«, denke ich still, »hier auf dem Campingplatz fallt ihr als Spaziergänger auf!« Die beiden scheinen mein unfreundliches Gesicht richtig zu deuten.

Ein Insider gibt mir den Rat, meine Lebensmittel in einem der dafür bereitgestellten Container zu deponieren. »Because of bears!«, wegen Bären, wie er betont. Ich nicke: »Thanks!« Fragen, milde Gaben, gute Ratschläge – auf Radtouren wie diesen mußte man damit leben.

Der Tip mit dem »Food Locker«[10] schien durchaus berechtigt zu sein. An seiner Eisentür finde ich ein Warnschild mit dem

Hinweis: »*Attention, there are occasional Bears on the Campground!*« (Achtung! Auf dem Campingplatz halten sich gelegentlich Bären auf!) Wen würde eine solche Warnung nicht nachdenklich stimmen?

Die Gefahr, einem Grizzly zu begegnen, ist in den Nationalparks Alaskas – und besonders im »Denali« – viel größer als in der übrigen Wildnis. Das wußte ich wohl; und trotzdem: Als ich mich am nächsten Morgen auf den Weg mache, um per Rad möglichst nahe an den »Großen«, wie die Indianer den Mount McKinley nennen, heranzukommen, bin ich mir des Risikos nicht richtig bewußt. Nur so ist dieser »Husarenritt« zu verstehen. Ich radle so leichtfüßig, als befände ich mich auf einem Ausflug in die Lüneburger Heide. Die Sandpiste führt direkt nach Westen, und schon bald erreicht sie die Baumgrenze. Dann folgt der »Brush«, das Gefilz aus Weiden und Zwergbirken. Ich radle durch Bärenrevier und blicke doch mehr »nach oben« als sichernd zur Seite, denn eher »über« als vor mir werden jetzt die Berge der Alaska Range sichtbar. Zu meiner Enttäuschung spielt der Föhn nicht mit; die Sonne verliert zunehmend den Kampf gegen die Wolken. Nur manchmal entsteht ein kleines »Guckloch«, dann sehe ich die Schneeflanke eines Vier- oder Fünftausenders. Schon diese Ausblicke genügen, um mir das Gefühl zu vermitteln, ein »Nichts« zu sein. Die Stille, die ringsum herrscht, vertieft diese Empfindung noch.

Ich erschrecke mächtig, als rechts des Weges eine Elchkuh aus dem Weidengestrüpp hervorbricht. Das Tier scheint auf der Flucht vor einem Verfolger zu sein. Aber als es mich sieht, schlägt es einen Bogen und verschwindet wieder im Dickicht, aus dem es hervorkam. Der Elchkuh war wohl doch kein Grizzly auf den Fersen, sonst hätte sie nicht den gleichen Weg zurück gewählt.

Die Piste führt jetzt über eine Hochebene. Selbst die so widerstandsfähigen Zwergbirken haben hier aufgegeben. Die Natur duckt sich unter dem kalten Wind. Schon in wenigen Wochen liegt diese Landschaft wieder unter Schnee und Eis.

Die Sicht ist frei. Deshalb lassen sich jetzt selbst auf große Distanz Karibus und Berg-Schafe ausmachen. Das weiße Fell dieser »Dall sheep« hebt sich deutlich vom dunkleren Untergrund ab. Ein gelber Bus der Parkverwaltung überholt mich; er ist voll besetzt mit Denali-Besuchern. Doch ich beneide diese Leute nicht um den Komfort; ihr Naturkontakt reduziert sich letztlich auf ein paar »Stops«.

Inzwischen habe ich etwa 1000 Meter »unter den Füßen«. Laut Karte lag der Mount McKinley nun genau vor mir. Er mußte die Landschaft noch um mehr als 5000 Meter überragen, aber ich sehe nur einen riesigen Bergsockel, der Rest steckt in den Wolken. Da hilft auch kein Warten. Der »Große« hält sich bedeckt.

Während des Umherschauens fällt mir an einem Hang ein bräunlicher »Stein« auf, der sich langsam bewegt. Kein Zweifel, das ist ein Grizzly! Ich beobachte das Tier durchs Tele, aber leider ist es für einen »Schuß« viel zu weit entfernt. Da uns auch ein tiefer Geländeeinschnitt trennt, könnte ich mich eigentlich sicher fühlen; trotzdem bekomme ich Herzklopfen. Es mag Erlebnisdruck sein: der erste Bär!

Ein Elch, gruppenweise Karibus und Berg-Schafe – und ein Grizzly: Das ist so etwas wie eine »Sternstunde« für einen Naturfan. Ich möchte noch weiter »hinein«, noch »näher heran«, und doch siegt die Vernunft. Mein Rad-Computer mahnt: »Bis du wieder dein Zelt erreichst, ist es dunkel!« Dieser Gedanke an eine Nachtfahrt ernüchtert mich. Ich breche meinen Ausflug ab.

Noch ein Blick zurück: Da ist er doch endlich! Hoch oben in den Wolken schimmert es weiß. Mount McKinley grüßt aus 6000 Metern Höhe. Aber er läßt mir nicht einmal Zeit für ein Foto; schon wickelt er sich wieder ein.

Während der Rückfahrt zum Campingplatz kommen mir nun doch Bedenken: »Auf dieser baumlosen Ebene radelst du wie auf einem Präsentierteller; taucht hier ein Bär auf, so hast du weder eine Flucht- noch eine Schutzmöglichkeit!« Ich versuche, mich mit dem Gedanken zu trösten, daß ich – zumindest solange es hell ist – den Bären sehe, bevor er mich wahrnimmt.

Doch dann folgt die dichte Buschzone; sie reicht bis hart an die Piste heran; zudem wird es jetzt dunkel. Nun meldet sich ganz deutlich meine Psyche. Wie verkrampft ich radle! Alle meine Sinne sind auf »Alarm« gestellt. Erstaunlich, was schon ein Sichtkontakt zu einem Grizzly bewirken kann!

Inzwischen ist es Nacht geworden. Die Landschaft sehe ich nur noch als dunklen »Scherenschnitt«. Ich versuche, möglichst die Mitte der Piste zu halten, so als bedeute ein Sandstreifen zu beiden Seiten des Rades mehr Sicherheit. Dieser Ausflug, das erkenne ich nun, war entfernungsmäßig eine Fehlkalkulation; 100 Kilometer radelt man nicht »so nebenbei«. Aber dann ist die Nachtfahrt durch Grizzlyland doch zu Ende. Vor mir tauchen Lichter auf: die Denali Station, der Campingplatz!

Hier wird noch gefeiert, denn einer der Boys hat Geburtstag. »The cyclist!« Der Radler! Ich werde begrüßt wie ein »Verschollener«. »Well back?« Bist du heil zurück? Das klingt ja richtig nach Anteilnahme. Einer der Jungen sagt mir, daß er mich vom letzten zurückkehrenden Bus aus gesehen und daß der Fahrer bei meinem Anblick bemerkt hatte: »He shouldn't do that!« Im nachhinein gebe ich ihm recht. Eine solche Solo-Tour durch den Denali-Nationalpark grenzt an Tollkühnheit. Man sollte die Gefahr nicht »suchen«.

Die Psyche streikt

Mit dem guten Vorsatz, künftig nicht mehr Mut mit Leichtsinn zu verwechseln, mache ich mich auf den weiteren Weg nach Norden. Der nächste Zielpunkt heißt Fairbanks. Allzuviel verspreche ich mir von der alten Goldgräberstadt nicht, denn längst ist aus ihr ein moderner Industriestandort geworden. Aber während eines Rasttages könnte ich dort noch einmal meine gesamte Ausrüstung überprüfen und das Vorhaben im Detail überdenken.

Der Parks Highway klemmt sich nun durch den Nenana Canyon. Um die Trasse hier voranzutreiben, hatten die Straßenbauer sicher eine Menge Dynamit einsetzen müssen. Die schwarzen Bänder von Kohleschichten über einem Hang lassen meine Gedanken abgleiten: Alaska als Saurier-Land, mit tropischer Vegetation; das war vor Millionen von Jahren. Jetzt dagegen wuchsen an gleicher Stelle Fichten, die – von der Evolution selektiert – so kurzastig waren, daß es keinen Schneebruch gab. Mein kleines Thermometer zeigt 14 Grad: ein Sommertag nördlich der Alaska Range.

Von den 40 Brücken, auf denen der Highway Flüsse und Schluchten überquert, hatte ich noch längst nicht alle passiert. Jetzt folgte eine ganze Serie: Fox Creek Bridge, Dragon Fly Bridge, Bison Gulch... Die Tour wird zum ersten Mal »angenehm«: Komfort-Asphalt unter den Rädern, eine fast stetig bergabführende Trasse, dazu leichter Rückenwind. Das alles macht die Fahrt zum Vergnügen – bis das Wetter mir wieder einen Strich durch die Rechnung macht.

Die Wolken am Himmel zeigen es: Der Wind hat auf West gedreht. Damit kann die Regenfront die Berge umfließen. Bereits in den Nachmittagsstunden heißt es für mich erneut: Wassertreten. An die schlimmen Etappen, die gerade hinter mir liegen, erinnert, spüre ich deutlich, wie sich die Psyche spreizt – nicht schon wieder eine solche Misere!

Aber die Wettergötter scheinen mich strafen zu wollen: das Zelt im Regen aufbauen, es naß wieder einpacken. Die schweißfeuchte Bekleidung wird immer mehr, die trockene im Gepäck immer weniger – was für Aussichten! Wie lange kann man – unter solchen Bedingungen – eine Radtour durchhalten, wenn keine Besserung in Sicht ist und laut Karte noch mehr als 4000 Kilometer zu absolvieren sind? Als ich den Ort Nenana erreiche, ist von dem Optimismus, der mit dem Aufkommen des Föhns keimte, nur noch »ein Schatten« übrig; die Psyche pendelt zwischen vager Hoffnung und Resignation. Mein Alaska-Unternehmen steht auf der Kippe.

Aus der Sprache der Indianer übersetzt, bedeutet Nenana »ein guter Platz zum Lagern«. Das klingt wie eine Einladung; aber ich sehe nur Wasser und Schmutz. Auf der Suche nach einem Plätzchen für mein Zelt – irgendwo am Ortsrand – mache ich alle Hunde rebellisch. Ein Indianer überholt mich auf einem Gefährt mit dicken Ballon-Reifen. Damit konnte man auf verschlammten Wegen wohl ebensogut fahren wie über Schneeflächen. Unmittelbar vor mir macht er einen kleinen Schlenker. Ich kann nicht mehr reagieren; der Dreckschwall, den die Räder aufwerfen, trifft mich voll. Ich sehe aus wie nach einem Sturz in den Straßengraben. Versehen oder Absicht? Die Anwort darauf sollte ich gleich erhalten. Wieder so ein »Ballonreifen-Wagen«, dieses Mal kommt er mir entgegen. Bei der Annäherung denkt der Fahrer gar nicht daran, aus Rücksichtnahme die Geschwindigkeit zu drosseln. Als er mit seiner Dreckschleuder vorbeiknattert, würdigt er mich keines Blickes.

Ich kannte diese Sprache bereits. Auch daß niemand die Hunde beruhigte, war deutlich genug. »Hau ab, Weißer, in der Nähe unserer Hütten hast du nichts zu suchen!« Ich sage das schon zu mir selbst, so als sei *ich* der Indianer.

Nenana war wohl nur ein »guter Platz« für Natives. Deprimiert kehre ich zur Hauptstraße zurück. Lieber will ich eine weitere Nacht im nassen Busch verbringen als am Rande einer solchen Siedlung.

Es ist wohl das Wissen, daß ich bald in eine richtige Stadt kommen würde, was mich am nächsten Morgen wieder in den Sattel meines Rades bringt. Vor mir liegt Fairbanks, nur noch eine Etappe entfernt.

Erneut Regen, Wind und miese Temperaturen: Der innere Widerstand gegen dieses Wetter bricht bald zusammen – Radeln am Rande der Resignation – schon einmal war ich soweit. Diese »letzte Wildnis« duldet wohl keine Pedalisten.

In meinem Kopf entsteht ein völlig neuer Plan. Meine Alaska-Yukon-Tour schrumpft zu einem »Ausflug«. In Fairbanks könnte ich den Zug zurück nach Anchorage nehmen, dort die Kenai-Halbinsel durchstreifen, den Portage-Gletscher besuchen; auch eine Reise hinüber nach Valdez wäre möglich. Der Yukon, die nördlichen Rockys, der Alexander-Archipel – das alles fällt gedanklich dem Rotstift zum Opfer.

Regenumspült nähere ich mich Fairbanks, der »Endstation« meiner Reise. Doch dann horche ich in mich hinein: War dieses Umplanen nicht eine Art Zweckpessimismus? Lauerte da nicht irgendwo in meinem Innern »positives Denken«? Schon morgen könnte ich den Alaska Highway unter den Rädern haben! Der nächste Wendepunkt hieße Tok; es folgten Dawson City, der Yukon River! Bei diesem Blick voraus spüre ich deutlich: Es war wohl doch noch ein gutes Stück bis zum inneren Streik. So leicht flankte die Psyche nicht!

»Über Fairbanks spannt sich im Sommer ein kristallklarer

Himmel.« Dieses Versprechen stammte aus dem Reiseführer. »Im August regnet es hier am meisten!« Solch trübe Aussicht wiederum hatte ich woanders gelesen. Die Frage, was wohl eher zutrifft, erübrigt sich. Die Reifen meines Rades teilen das Wasser auf den Straßen.

»Frontier Lodge«, »Frontier Food«, »Pioneer Hotel«... Hinweise wie diese machen deutlich, daß ich eine Grenzstadt der Zivilisation erreicht habe. Eigentlich ist mir nach einem trockenen, zugfreien Zimmer, einem warmen Bett. Aber bei diesem Gedanken meldet sich sofort der Stolz. Diese Reise war keine »Katalogreise«! Da muß auch ein Zeltplatz reichen. So erkundige ich mich in einem Geschäft: »Where is the camping site, please?« Die Auskunft, die man mir gibt, ist recht unpräzise, erst ein Tankwart, den ich erneut danach frage, kann mir den Weg genauer beschreiben.

Der Platz befindet sich in einem Waldstück, im Westen der Stadt. Schon der erste Eindruck ist nicht gerade positiv. Überall liegt Müll herum. Hunde schlagen an; sie bewachen stationär aufgebaute Wohnwagen-Behelfsunterkünfte. Ich schiebe das Rad über schmierig aufgeweichte Trampelpfade. Wo könnte man hier wohl sein Zelt aufstellen? Eine innere Stimme warnt mich: »Das ist kein Ort zum Bleiben. Hier kannst du es nicht wagen, während einer Fahrt zum Einkaufen deine Sachen unbeaufsichtigt zurückzulassen! Such dir was anderes!« Bei diesem »Inspektionsgang« über den Platz werde ich außerdem beobachtet. »What are you doing here?« klingt es barsch aus dem Klappfenster eines Wohnwagens. »Der Mann sieht doch dein bepacktes Rad«, denke ich, »also was soll dieses Anschnauzen?« Solche Unfreundlichkeiten beantwortet man am besten nicht. Stumm gehe ich weiter.

Wahrscheinlich habe ich den Haupteingang des Platzes verfehlt, was mir inzwischen auch egal ist. Als ich jenseits des völlig vermüllten Waldrandes wieder auf einen Schotterweg stoße, erscheint es mir ratsamer, in freier Natur zu nächtigen als auf so einem suspekten Campingplatz.

Wald und Busch rund um Fairbanks scheinen noch auf Meilen besiedelt zu sein. Immer wieder sehe ich Wohnhütten durch die

Bäume schimmern. Da ich mich nicht allzuweit von der Stadt entfernen möchte, schließe ich einen Kompromiß: Eines der kleinen Blockhäuser sieht mit seinem der Wildnis abgerungenen Garten so adrett aus, daß darin eigentlich nur »biedere« Leute wohnen können. Mit diesem Gedanken folge ich der Einfahrt und klingle an der Tür.

Es ist die Frau, die mir öffnet. Aber der Mann blickt ihr aus dem Hintergrund »sichernd« über die Schulter. Wer so einsam wohnt wie diese beiden, der muß wohl auch vorsichtig sein. Hier jemand auf einem Fahrrad? Man sieht der Frau die Verblüffung an. Um jedem Mißtrauen vorzubeugen, nenne ich meinen Namen, meine Nationalität – und betone, daß ich mich ausweisen könne. Dann hänge ich die Frage an, ob die Möglichkeit bestünde, hier irgendwo ein Zelt aufzubauen, und ich begründe dies noch mit dem Hinweis, daß der einige Meilen weiter zurück liegende Campingplatz ziemlich »rough« (primitiv) sei.

Die Frau schaut mich nach diesem langen Spruch so freundlich an, als wolle sie gleich sagen: »Nun komm doch rein, was willst du bei diesem Wetter draußen im Busch?« Aber der Mann tritt jetzt ein paar Schritte vor und antwortet für sie. Das mit dem Zelten, wäre »okay«, meint er, nur das Schild »No Trespassing!«[11] dort drüben, das sollte ich respektieren. Bei diesen Worten zeigt er voraus in Richtung Weggabelung. Meinem »Many thanks!« hört man sicherlich die Erleichterung darüber an, daß ich nun einen »Campingplatz« gefunden habe. Aber mit der Möglichkeit, hier zu zelten, war nur *ein* Problem gelöst. Wie sollte es überhaupt weitergehen? Am nächsten Morgen regnet es zwar nicht mehr, aber im Wald ist es so feucht, als stiegen die Wolken aus dem Boden zum Himmel auf. Gestern abend hatte ich auf ein Lagerfeuer verzichtet. Neben dem Problem des Trinkwassers galt es nun die drängende Frage zu lösen, woher ich genügend trockenes Holz für ein richtiges Feuer bekommen würde.

Den Wasserbeutel in der Hand, machte ich mich auf den Weg zu der gestrigen Hütte. Dieses Mal öffnet mir der Mann, und er scheint gar nicht überrascht zu sein, daß ich erneut aufkreuze. Ein kurzes Gespräch, und ich bin gleich mehrere Sorgen los.

Trinkwasser erhalte ich sofort. An dessen brauner Farbe, betont er, solle ich mich nicht stören, das Wasser sei einwandfrei – nur ein wenig eisenhaltig. Auch an Feuerholz mangelt es nicht. Drüben im Wald, so der Mann, stehe ein ganzer Stapel, »irgendwann von irgendwem gesägt, aber nie abgeholt«, erklärt er. »Bedien dich mal, unter dem Blech ist's trocken geblieben!« Mit einer Handbewegung »vermacht« er mir den ganzen Vorrat. Es sind mehrere Festmeter. Und noch ein weiteres Problem löst sich wie von selbst. Als ich ihn auf den notwendigen Einkauf in Fairbanks und meine Bedenken wegen des Zurücklassens der Ausrüstung anspreche, winkt er ab: »No problem!« Mir fällt ein Stein vom Herzen. Nach so vielen negativen Erlebnissen eine Glückssträhne zu haben, das kommt einer »moralischen Aufrüstung« gleich. Aus Fairbanks zurück, zünde ich ein wahres »Freudenfeuer« an. Es ist das erste Mal, daß ich keine »Rindenkrümel«, keine »Zweigstücke« sammeln muß. Ich habe Holz im Überfluß.

Während meine Wäsche in der Flammenwärme übertrocknet, überprüfe ich noch einmal das Rad: die Lagerführung, die Speichenspannung, den festen Sitz aller Schrauben. Morgen nehme ich Kurs auf Tok; das scheinbar bereits ausgeträumte Alaska-Abenteuer wird wieder ein Stück Realität.

Als ich aufbreche, ist es noch nicht einmal richtig hell. Es scheint ein trüber Tag zu werden. An der Tür des Blockhauses hinterlasse ich einen kleinen Zettel: »Many thanks for everything, the cyclist!« Dann radle ich voller Tatendrang los.

Es beginnt mit einigen Tropfen! Doch daraus wird bald ein Regen wie aus einem Islandtief. Als ich mich an einer Tankstelle umziehe, beginnt der Wart über mein »Vehicle« zu lästern. In Alaska fahre man mit einem Mobile – aber nicht mit »so etwas«. Ich verweise auf das Versprechen des Reiseführers: »During summer you can see crystal clear skies...!« und zeige dann zum Himmel. Dieser scheint sich inzwischen gar nicht mehr halten zu können, so sehr gießt es. Der Mann zuckt mit den Schultern: Das Wetter sei schon okay, meint er, ich hätte nur das falsche Fahrzeug.

Mir ist nach »Flucht«! Ich will weg aus dieser Stadt! Nicht nur, daß man mich gestern unfreundlicherweise zu einer Art Behelfs-

Campingplatz geschickt hatte – so etwas konnte niemals der »offizielle« gewesen sein! –, das Niederschlagsgebiet folgte mir obstinat auf den Fersen. Der Regen hatte mich erneut eingeholt. »Where is the entry to the Alcan[12]?« frage ich den Tankwart. Kaum hat mir dieser mit einer Handbewegung die grobe Richtung zur »Traumstraße der Welt« angedeutet, kurve ich hinaus in den Regen – buchstäblich allwetterverpackt, mit Gummistiefeln an den Füßen und Südwester auf dem Kopf. Was mag der Mann von dem »crazy cyclist« denken? »Mit dem Fahrrad über den Alaska Highway – womöglich noch bis hinunter zur ›Cero post‹![13] Der kommt doch nie an!« Als ich mich noch einmal umdrehe, hebt der Tankwart die Hand: »Bye, bye, cyclist!« Ich grüße kurz zurück, dann trennt uns der Regen.

Inzwischen gießt es so sehr, daß das Wasser kaskadenartig von den Dächern herunterschießt. Auf den Straßen weiß die Flut nicht, wohin. Kein Hund würde sich bei diesem Wetter aus seiner Hütte wagen. Wo begann sie nun, die »Traumstraße«? Irgendwo in Fairbanks mußte es ein kleines Alaska Highway Monument geben. Ich stoppe einen Autofahrer, um noch einmal die Richtung zu erfragen. Der Mann öffnet nur widerwillig das Wagenfenster. »Straight on, next right...!« klingt es aus dem fingerbreiten Spalt. Ich folge dem Hinweis und gerate in irgendwelche Nebenstraßen; schließlich erkenne ich eine Fassade wieder: Ich war im Kreis gefahren.

Daß man den Beginn einer solch berühmten Straße »suchen« mußte, damit hatte ich nicht gerechnet – nirgendwo ein Hinweis auf den Alcan. Eher zufällig entdecke ich ein kleines Schild mit dem Sternbild des Großen Bären[14] und dem Zusatz »1 South«[15]; ich habe den Alaska Highway gefunden!

Ein »Startfoto« wollte ich machen – zur Dokumentation. Aber bei diesem Wetter die Kamera auspacken – da könnte ich sie gleich in Wasser tauchen! Fast unvernünftig schnell radle ich los; es hat den Anschein, als befände ich mich wirklich auf der Flucht.

Nach Stunden deprimierender Fahrt wird mir klar: In Alaska einem Schlechtwettergebiet zu entkommen, das schafft man nicht per Rad; dazu bräuchte man eher ein Flugzeug. Regenfahrt bis zum Karibu-Paß, weitere Nässe-Etappen nach Fairbanks –

und nun erneut Wassertreten: Kein Wunder, daß es meine Abenteuerlust förmlich hinwegspült. Als ich dann noch den Wind und miese Temperaturen zum Gegner habe, knickt die Psyche ein. Während einer Tretpause wird mir meine mißliche Lage voll bewußt. Ich stehe am Rand des Alcans und horche in mich hinein. Was für Bedingungen! Vom Rand der Regenjacke rinnt es über die Hände. Die Finger sind in der Form der Lenkergriffe »erstarrt«; und sobald die körperliche Anstrengung des Radelns aufhört, kriecht die Kälte unter die schweißfeuchte Bekleidung. Mich fröstelt. Diese Tour grenzt an Masochismus; Alaska ist für einen Radler wohl gleich mehrere Schuhnummern zu groß!

Trotzdem versuche ich es wieder – noch einmal. Der Wind hat an Stärke zugenommen; er drückt mich auf die andere Straßenseite; aus Fahren wird Balancieren. In der Nähe des Handelspostens North Pole ist es dann soweit: Mein Alaska-Abenteuer scheint beendet. Ich habe das Rad am Rand der Trasse abgestellt und gehe gedankenschwer Warteschleifen. Schließlich baue ich die Kamera auf, um ein Selbstporträt zu versuchen. Vielleicht wird es die Aufnahme vom Endpunkt der Reise. Fast eine halbe Stunde mühe ich mich mit der Plastikverpackung und dem regensicheren Aufstellen des Apparates. Als sich eine Böe in der Folie verfängt, stürzt das Stativ um. Erst zu Hause würde sich zeigen, was bei diesem Fotoversuch heraus gekommen ist.

Nur etwas mehr als 700 Kilometer – von geplanten 5000 – hatte ich geschafft, eine geradezu schäbige Leistung. In mir rumort es. Es wäre das erste Mal, daß ich aufgebe. Die keimende Wut darüber gilt dem Land, dem Wetter und mir selbst.

Stolz ist für die Psyche eine Art Stolperschwelle, ein letztes Hindernis vor dem Handtuchwerfen. Und daher ist es der Stolz, der mich noch einmal in den Sattel bringt.

Schon mehrfach hatte ich entlang des Alaska Highway verlassene Hütten gesehen. Sie stammten wohl noch aus der Pionierzeit. Manche von ihnen befanden sich in Straßennähe, andere tarnte der Wald. Ihr Zustand reichte von »ruinenhaft« bis »passabel«. Mit der Weiterfahrt bei North Pole hatte ich mir gleichzeitig ein Ultimatum gesetzt: Sollte ich bis zur Dämmerung keine Hütte finden, in der ich das Ende des schlechten Wetters abwarten konnte, dann wäre nach einer letzten Nacht im Busch das Alaska-Abenteuer endgültig ausgeträumt. Regen, Wind, Kälte – feuchte Bekleidung, ein klammes Zelt: Jetzt war Realitätssinn gefragt.

Ich fahre mit mäßiger Kraftanstengung. Obwohl es den böigen Wind auszubalancieren gilt, versuche ich, den Waldrand beidseitig der Straße im Auge zu behalten. Ein verfallenes Blockhaus, ein zweites, dann die Reste eines abgebrannten. Nach längerer Fahrt entdecke ich weiter zurück eine anscheinend noch intakte Hütte. Doch am Beginn des Weges warnt ein Schild vor dem Betreten des Areals; sogar »Schußwaffengebrauch« wird angedroht. Weiter geht die Suche.

Auch das nächste Mal habe ich keinen Erfolg. Die Fahrspur, der ich nachgehe, endet nicht wie angenommen an einer Hütte; sie verläuft sich im Wald. Es mußte sich um einen alten Forstweg handeln, über den man Stämme abtransportierte. Mißmutig kehre ich zur Straße zurück. Noch ein bis zwei Stunden bleiben mir, dann läuft das »Ultimatum« ab.

Es dunkelt bereits, als ich eine letzte Chance sehe. Das Blockhaus ist im Gebüsch kaum noch auszumachen, es ist schon fast zugewachsen. Auf dem Weg, der längst wieder Birkenwald ist, liegt das Skelett eines Autos. Nur noch Fahrgestell und Motorblock sind vorhanden; die Karosserie ist weggerostet. Vorsichtig umrunde ich die Hütte – man konnte nie wissen! Vielleicht nutzten sie irgendwelche Tiere als »Unterstand«. Ein Haufen leerer Konservendosen auf der Rückseite zeigt, daß diese »Cabin« längere Zeit bewohnt war. Auch Reste von Hausrat liegen herum.

Mit Ausnahme der Rückwand scheint das Blockhaus noch recht stabil zu sein. Die Tür läßt sich nicht öffnen; der Besitzer hatte sie beim Auszug zugenagelt. Ich versuche es mit Gewalt: vergeblich! Da bleibt mir nur der »rückwärtige« Eingang.

Dort, wo die Wand mit Blechtafeln geflickt ist, setze ich mein Finnenmesser an: ein Knirschen, der Rest ist rohe Gewalt. Der so geschaffene Einstieg ist gerade groß genug, daß ich mich hindurchzwängen kann.

In der ansonsten fensterlosen Hütte ist es stockdunkel, erst im

Lichtkegel der Taschenlampe erkenne ich Einzelheiten. Das Inventar besteht aus Tisch, Stuhl und einem roh zusammengezimmerten Regal. Auf dem Fußboden liegen eine Eisenstange, ein bohlenstarkes Brett und eine große Blechschüssel. Die Wände sind mit Nägeln gespickt – Hakenersatz. Gott sei Dank leckt das Dach nur in einer Hälfte des Raumes, die andere ist trocken geblieben.

»Wer mag in dieser Hütte gehaust haben?« geht es mir beim Anblick der spartanischen Einrichtung durch den Kopf. »Vielleicht ein Trapper oder ein Arbeiter beim Ausbau des Alaska Highway? Staunen würde er, sähe er nun den ›Nachmieter‹!« Wer immer es auch gewesen sein mag: Der Mann hatte natürlich das mitgenommen, was niemand zurückläßt, wenn er in der Wildnis umzieht: den Ofen. Damit fehlte mir etwas ganz Wichtiges. Trotzdem ist diese Hütte für mich eine »Arche Noah«; in ihr konnte ich vielleicht das Ende des sintflutartigen Regens abwarten.

Ich beginne mich einzurichten. Obwohl in einer Bruchbude, fühle ich mich doch bald wie in einer Komfort-Unterkunft; denn nach so vielen Nächten in vor Nässe triefenden Wäldern erscheint mir diese Hütte wie eine gemütliche Herberge. Aber ein Problem ist noch immer ungelöst: Wie bekomme ich meine Wäsche trocken? Notgedrungen folgt dem unkonventionellen Einstieg ein weiterer Gewaltakt. Ich zertrümmere das Inventar. Dann wird die Blechschüssel – auf vier Konservendosen gestellt – zum Ofen umfunktioniert. Doch die Freude über diese Erfindung währt nur kurz. Kaum flackert das Feuer, da beginnt sich der Raum mit Rauch zu füllen. Der Abzug allein erweist sich als völlig unzureichend, denn es fehlt das Verbindungsrohr zwischen Ofen und Dach. Not macht erfinderisch! Eine gut drei Meter lange Eisenstange ergibt einen wirkungsvollen Hebel. Unter dem Tragbalken der Decke angesetzt, hebt sie durch die günstige Kraftübertragung das ganze Dach. Nun kann der Rauch abziehen; die Gefahr einer Vergiftung ist gebannt.

Da sitze ich nun in meiner »Arche« – irgendwo am Alaska Highway. Die Wände der Hütte sind mit Wäsche behängt. In einem Schüssel-Ofen flackert Feuer, genährt von Tischbeinen,

Stuhlbeinen, zersplitterten Regalbrettern. Zum Knistern des Feuers kommt das Geräusch des Regens und das Aufschlagen der Wassertropfen auf dem Fußboden. Was für eine Stimmung! Während dieser Betrachtung kommt mir der Gedanke: »Was wäre, wenn dir hier etwas zustieße? Kein Mensch weiß, daß du dich in diese Hütte verkrochen hast. Vielleicht findet man einmal nur deine Knochen!« Aus der Richtung des Alaska Highway dringt das Motorgeräusch eines Fahrzeuges durch den Busch; dem Klang nach ist es ein schwerer Truck. Keiner der Straßenbenutzer ahnte etwas von dem Eremiten hier. Ich verdränge die pessimistischen Gedanken. Was sollte mir hier schon passieren?

Mit dem Brennholz muß ich geizen; vielleicht hält mich das Wetter hier mehrere Tage fest. Als das letzte nachgelegte Stück verglüht, sind nicht nur Wäsche und Ausrüstung wieder trocken, sondern auch die Hütte ist angenehm durchwärmt.

Inzwischen ist es Nacht geworden. Ich habe mein Notlicht, eine Kerze, angezündet und sie mit ein paar Wachstropfen auf den Dielen befestigt. Im Schlafsack liegend, sehe ich die pittoreske Bleibe nun aus der Froschperspektive; es ist ein Anblick zum Malen.

Es gilt noch, die Eintragungen ins Tagebuch nachzuholen: die deprimierende Regenfahrt, die Fastaufgabe beim Handelsposten North Pole, den Glücksfund dieser Hütte – zum Schluß noch ein paar selbstkritische Gedanken. Mit dem Auspusten der Kerze wird es dann auch in der Hütte Nacht. Nur ein paar Glutstücke leuchten noch nach. Sie erinnern mich an die Augen eines Tieres.

Ich hatte eine Weile geschlafen – da bin ich plötzlich hellwach. Mir ist, als habe jemand ganz in der Nähe einen Schuß abgefeuert. Der »Knall« kam aus dem Unterbewußtsein. Natürlich hatte ich darauf verzichtet, meine Verpflegung draußen in einen Baum zu hängen. Sie lagerte in der Hütte – und diese war »offen«. An der Rückseite klaffte ein mannsgroßes Loch, mein »Einstieg«. Roch ein Bär die Lebensmittel, dann saß ich hier drinnen wie die Maus in der Falle. Dieser »unbewußte« Gedanke muß es gewesen sein, der mich aus dem Schlaf gerissen hatte. Für einen Augenblick werde ich ganz mutig: »Du verteidigst dich mit der Eisenstange, nutzt sie als Lanze! Die Nase des Bären ist seine

Vor der rettenden »Arche Noah«

empfindlichste Stelle! Außerdem bist du hier im Vorteil!« Aber schon kamen Zweifel. Der Bär konnte mit seinen Krallen in das schon vorhandene Loch greifen und die Hütte wie eine Konservendose öffnen. Da ist es wieder die Eisenstange, die ich jetzt nutzbringend anwenden kann. Mit ihrer Hilfe verkeile ich das Brett vor der Öffnung. Schließlich sitzt es so fest, daß ein Ursus eher durch die Wand als durch diesen Eingang käme. Nach dem Anbringen der »Blockade« schlafe ich wieder ein. Hinter mir liegen Stunden, in denen Körper und Psyche arg gefordert worden waren.

Da werde ich durch Lärm geweckt. Er kommt von oben. Es müssen mehrere Squirrels sein, die auf dem Dach herumturnen. Ihr aufgeregtes Keckern verrät, daß sie meine Verpflegung ausgemacht haben. Doch alles Kratzen nützt nichts, sie finden keinen Zugang. Ich »entriegele« die Hütte und werfe einen Blick hinaus.

Ein- und Ausstieg durch die »Hintertür«

Draußen wartet ein grauer Alaska-Tag. Zwar regnet es nicht mehr, aber diesem Himmel ist nicht zu trauen. Weiterradeln oder umkehren? Ich schiebe die wichtige Entscheidung noch hinaus.

Nach dem Frühstück beginne ich mit Packen; es ist ein »vorsichtiger Optimismus«. Was für eine Freude, wieder trockene Wäsche zu besitzen, auch wenn diese jetzt arg nach Räucherkammer riecht. Noch einmal versuche ich eine Wetterprognose. Der Himmel ist jetzt nicht mehr ganz so unifarben. Die Wolken ziehen höher, zeigen erste Konturen – beides Indizien für eine Besserung. Damit ist die Entscheidung gefallen!

In geradezu euphorischer Stimmung belade ich das Rad. Noch ein Foto vom »Eremiten und seiner Hütte«, dann ein kurzer Weg durch den Wald, und schon sitze ich im Sattel. Meine Gedanken springen voraus: »Tok, Yokon River, Dawson City...« In diese Erwartung mischt sich auch Stolz: »700 Kilometer Regenfahrt, und du hast nicht aufgegeben!« Heute weiß ich, daß dieses Blockhaus die Rettung der Tour bedeutete. Es war die »Karte«, die der Pokerspieler zu seinem Glück brauchte.

Auf den Spuren Jack Londons

Selten hatten mich Sonnenstrahlen mit einer solchen Freude erfüllt. Hätten sich Menschen in der Nähe befunden, ich wäre auf sie zugegangen, hätte ihnen ins Gesicht gelacht. Mit meiner Prognose hatte ich recht behalten; ansteigende Wolkenbasis versprach Wetterbesserung: Der große Landregen war vorbei!

Das jetzt durchbrechende Sonnenlicht ist so hell, daß es in den Augen schmerzt. Was für ein Tag! Trotz der gut 120 Kilogramm, die ich mit Muskelkraft vorwärtsbewegen muß, radle ich so leicht, als führe ich mit einem Hilfsaggregat. Da ist keine Spur mehr von Abwägen, von Zweifeln, gar von Resignation. Die Psyche steht mit in den Pedalen. Im Sichtfenster des Computers flackern die Zahlenwerte: Geschwindigkeit, Distanz; gab es nicht noch einen gravierenden Zwischenfall, so würden sich zu den schon gefahrenen Kilometern sicher die noch fehlenden 4000 hinzuaddieren.

Bisher hatte ich die Landschaft nur ein einziges Mal genießen können – an jenem Nachmittag im Windschatten des Mount McKinley. Jetzt liegt sie lichtdurchflutet vor mir: ein riesiges Naturpanorama. Dichter Wald wechselt mit offener Tundra, mit Seen. Der mächtige Tanana-Strom reicht oft bis hart an die Trasse heran. Nach den starken Regenfällen ist er nun ein strudelndes, erdfarbenes Wildwasser, in dessen Fluten entwurzelte Bäume treiben. Im Süden wird der Blick von der Bergkette der Alaska Range begrenzt. Dort liegen Mount Deborah, Mount Hayes, Mount Hess. Ihre Gipfel bilden eine gezackte Kammlinie. Alayeska[16], the Great Land! Alaska, das große Land! Diese Namensgebung durch die Indianer klingt wie eine Verbeugung vor der gewaltigen Natur.

Ein »Lindwurm« aus blinkendem Blech nähert sich dem Highway; es ist die Trans-Alaska-Pipeline. Dieses Land provozierte geradezu Pioniertaten. Der Bau der Pipeline war eine solche. Mehr als 20 000 Arbeiter schufen das 800-Meilen-Projekt, unter Bedingungen für »härteste Männer«. Jetzt floß durch die meterdicke Röhre das »schwarze Gold« Alaskas, das Öl von der Beaufort-See. Die Pipeline hangelt sich an Stahltrossen über den Tanana River und verschwindet dann wieder im Boden, um irgendwann erneut aufzutauchen.

Delta Junction! Das »Dorf« an der Einmündung des Richardson Highway ist die erste Siedlung, die ich, seit ich Fairbanks verlassen habe, passiere. Offiziell endete hier der in Dawson Creek beginnende Alcan. Das Verbindungsstück nach Fairbanks war lediglich eine Art Verlängerung.

Ich stoppe am Info-Center. Dort werde ich Zeuge, wie sich die Mitglieder einer Reisegruppe ihr »Diplom« ausstellen lassen: »*This certifies that... has gone trough the trials and tribulations to reach mile 1422, the end of the Alaska highway!*« (Hiermit wird bestätigt, daß... die leidvolle Prüfung auf sich genommen hat, das Ende des Alaska Highway bei Meile 1422 zu erreichen!) Wie heroisch das klingt! Vor dem Gebäude parkt ein »Air-conditioned-all-comfort-Bus«, ein absolutes Luxusgefährt. Während der Reise bis hier nach Delta sind allenfalls die Hintern der Insassen etwas strapaziert worden. Schon das Schuhwerk, das die Leute tragen, spricht für sich. Damit konnte man keinen einzigen Schritt abseits der Straße gehen.

Jemand aus der Gruppe hat mein Fahrrad entdeckt. Dieses mir, dem »Typen im Busch-Look«, zuzuordnen, ist nicht gerade schwer, zumal ich unter den Leuten der einzige »Fremde« bin. Schon fangen sie an zu gackern. Stumm entziehe ich mich den »Oh-how-great-Ovationen« und radle weiter.

Welch eine Überraschung: ein Gemüsestand am Alaska Highway! Damit hatte ich wirklich nicht gerechnet. Was für ein Angebot! Tomaten, Kohl, Radieschen, Gurken, die ganze Obstpalette. Nicht anders sieht es auf einem Wochenmarkt zu Hause aus.

Die Trans-Alaska-Pipeline überquert an Stahltrossen hängend den Tanana River

Hätte ich zusätzlichen Stauraum und Gewichtsreserven, würde ich einen Großeinkauf machen. So aber muß ich mich mit ein paar Äpfeln begnügen. Dabei ist es wirklich ein Versehen, daß ich der Frau keinen US-Dollarschein, sondern einen kanadischen reiche. Ich bemerke den Irrtum gerade noch rechtzeitig und erbitte den Schein zurück: »Sorry..« Doch die Verkäuferin winkt ab. Sie steckt ihn mit der Bemerkung weg: »Hier oben bei uns ist alles gleich!« Dann gibt sie mir das Wechselgeld in US-Münzen zurück. Selbst mein Hinweis, daß die beiden Währungen doch im Wert recht verschieden seien, irritiert die Frau nicht, im Gegenteil: Sie bekräftigt noch einmal: »It's all right!« Nun, dann soll es auch mir recht sein.

Wieder auf Strecke, treffe ich einige Kilometer östlich von Delta einen Hitch-hiker. Als er mich näher kommen sieht, macht er das »Daumenzeichen«. Der Typ hat Humor! Ich stoppe. »Hallo!« »Hei!« kommt es ganz skandinavisch klingend zurück; und sogleich bestätigt sich mein Verdacht. Der junge Bursche beantwortet mein: »Christian from Germany!« mit: »Evert Larsson, from Sweden!« Wir kommen ins Gespräch. Evert hat in Alaska gejobbt. Aber die Zeiten, wo es hieß: »Take the money and run!«[17] waren längst vorbei. Sein sauer verdientes Geld reichte nicht einmal für eine bequeme Heimreise. Ab New York wollte Evert fliegen, die 7000 Kilometer bis dorthin mußte er trampen. »Armer Kerl!« denke ich.» Da wirst du wohl noch oft mit erhobenem Daumen am Straßenrand stehen müssen!« Evert scheint meine Gedanken erraten zu haben. Er zuckt mit den Schultern, dann verrät er mir seinen Trick: »In entlegenen Gegenden mußt du zunächst ein ganzes Stück zu Fuß gehen – weit weg von der letzten Siedlung. Sieht dich dann ein Autofahrer in der Einsamkeit stehen, so hat er schon ›des Anblicks wegen‹ Mitleid und gibt dir einen Lift.« Dies sei auch der Grund, warum er sich so weit von Delta Junction entfernt habe. »Der nächste hält bestimmt!« gibt sich Evert ganz hoffnungsvoll. Ich wünsche es ihm.

Der junge Schwede lacht noch für ein Foto in die Kamera. Das Dokument, wie er so optimistisch lächelnd bei Meile 1400 am Alaska Highway steht, will ich ihm später gerne ins heimische Huskvarna schicken. Zum Abschied hebe ich den Daumen: »Good luck, Evert!« Irgendwo weiter westlich, im »Big Delta Game Reserve«, gibt es Büffelherden. Das wäre etwas für einen Naturfan. Aber die Tiere, so hieß es, standen nicht am Straßenrand; für ein Foto mußte man auf Pirsch gehen. Ich überschlage den Zeitaufwand: 60 Kilometer Umweg, dann noch die »Büffeljagd« mit der Kamera; das hatte mich einen ganzen Tag gekostet, und womöglich wäre ich sogar erfolglos gewesen. Bereits jetzt lag ich in meinem Zeitplan zurück; denn während der Regentage waren meine Etappen viel kürzer als geplant ausgefallen. So streiche ich – wenn auch etwas wehmütig – den Besuch bei den Bisons.

Der Alaska Highway streckt sich. Eine ganze Serie Schmelzwasserflüsse kreuzen ihn, darunter der »Gerstle« und der Johnson River. Sandbänke und Geröllablagerungen zeigen, daß diese Ströme willkürlich ihren Lauf ändern. Es ist eine von Menschenhand ungezähmte Natur.

Die Landschaft wird nun immer einsamer. Habe ich eine Tankstelle passiert, dann erfolgt über Stunden, ja für den restlichen

7000 Kilometer Hitch-hiking. Der Schwede Evert Larsson in »hoffnungsvoller« Pose am Alcan

Tag keine Abwechslung mehr. So durchradle ich eine menschenleere Weite, die irgendwo an fernen Schneebergen endet. Aber was ist aus dem Alaska Highway, jener »Traumstraße der Welt«, inzwischen geworden? Frostaufbrüche machen ihn für einen Radler fast unpassierbar. Doch mancher Autofahrer hatte hier schon ganz andere Probleme. Am Straßenrand liegen mehrere Wohnwagen – zusammengefallen wie Kartenhäuser. Sie hatten den »Rütteltest« nicht bestanden. Gerade habe ich eine dieser Steinstrecken überwunden, da warnt erneut ein Schild: »*Pavement broken, 28 miles!*« Straßenbelag auf 28 Meilen – das sind etwa 40 Kilometer – »gebrochen«: Ich bereite mich auf einen langen Fußmarsch vor.

Es sollte noch schlimmer kommen. Während der nächsten Etappe ist die Straßenböschung in einem besseren Zustand als der Highway selbst. Dann folgen die »Cathedral Rapids«. Hier strömen die Schmelzwasser aus der Alaska Range – samt mitgeführtem Geröll – über den Alcan. Ein Trupp Arbeiter ist gerade dabei, Brückenpfeiler zu setzen. Nach der Fertigstellung des Baus wird die Straße die Schlammstrecke überstelzen. Der hier stationierte Bulldozer, der jetzt noch die Trasse in Abständen freischiebt, ist dann überflüssig.

Von Süden kommend, haben sich ein paar Autos angesammelt; sie stehen in »Warteposition«. Der Fahrer der Räummaschine gibt ihnen ein Zeichen: »Come on!« In seinem »Kielwasser« passiert der Konvoi die kritische Strecke. Ich selbst schlittere in Gummistiefeln über die freigeschobene Schneise. Der Schlammbelag aus feinem Gletscherschliff macht die Straße seifenglatt. Noch ein paar Stolpersteine, dann habe ich die »Cathedral Rapids« hinter mir. Wie mag es hier im Frühjahr, zur Zeit der Schneeschmelze, aussehen, wenn die Wasser mit reißender Strömung über den Highway rauschen?

Der Rad-Computer zeigt fast genau 1000 Kilometer, als ich Tok Junction erreiche. Damit ist gerade ein Fünftel der Tour geschafft. Was bringt – nach dem bereits Erlebten – wohl der nächste »Tausender«? Schon am folgenden Tag sollte mir die Natur eine Antwort darauf geben.

Lebensmittelkauf im »Frontier Food«, ein wenig herumalbern mit jungen Schlittenhunden, eine kurze Nacht auf dem Campingplatz mit der Goldgräber-Reklame, und weiter geht es. Noch ein Stück folge ich dem Alaska Highway, dann kommt der Abschwung nach Norden. Die neuen Zielpunkte heißen »Yukon River« und »Dawson City«. Ich nähere mich dem Land Jack Londons. Die Piste, die ich nun befahre, prahlt gleich mit mehreren Namen: Taylor Highway, Yukon Highway No. 9, Top of the World Highway. Was immer man sich unter diesen Bezeichnungen vorstellen mag – die Realität sieht anders aus.

Kaum habe ich den Alcan verlassen, geht der Straßenbelag von Asphalt in Sand, Lehm und Schotter über. Ein Schild warnt die Autofahrer: »Construction!« Doch diese »Baustelle« finde ich später nie. Der Hinweis beschreibt wohl nur den Dauerzustand des Highways. Regen und Frost sorgten schon dafür, daß solche Pisten immer wie im Bau befindlich aussahen. Aber es würde nicht mehr lange dauern, und mit dem Autofahren war es hier überhaupt vorbei. Dann kamen nur noch Hundeschlittenlenker durch. Schon nächsten Monat schneite der »Taylor« womöglich

Busch-Hotel Typ »Alaska«

ein; ab Mitte September war auf dem Plateau Winter angesagt. Das Wetter hatte mich in den zurückliegenden Tagen geradezu verwöhnt: Sonne, angenehme 15 Grad Celsius, keinen Wind als Gegner. Doch nun tut sich etwas am Himmel. Die aufziehenden Wolken sind von drohendem Grau. Aus solchen Gebilden regnet es nicht, es »schüttet«. Voller Skepsis blicke ich die Piste entlang; den Schlaglöchern konnte man ausweichen, auf besonders rauhen Partien das Rad schieben, aber Lehm und Wasser, das mußte teuflisch werden!

Ein Geländewagen kommt mir entgegen. Der Fahrer hält, kurbelt das Fenster herunter und fragt mich ein bißchen aus. Wo ich die Tour begonnen hätte? Warum ich so etwas »Verrücktes« machte? Ob ich vielleicht für die Zeitschrift *Geo* unterwegs sei? Er spendiert mir eine »Coke«: »You will need it!« und verabschiedet sich dann mit der Prophezeiung: »Oh boy, you will have a lot of mountains to climb!« Über das »Boy« muß ich unwillkürlich lächeln. Wahrscheinlich war es mein Aufzug, weshalb mich der Mann noch als »Burschen« einstufte; aber das mit dem »Übersteigen vieler Berge« stimmt mich doch nachdenklich. Gut 250 Kilometer tief sind diese Hindernisse hier gestaffelt; hartes

»Intervalltraining« ist nun angesagt. Mit früheren Touren läßt sich diese Reise kaum vergleichen.

Das Wetter, das ich erahnt hatte, näherte sich. Im Nordosten wehen Regenschwaden. Es wird ernst! Der Taylor Highway beginnt zu klettern. Schon überschüttet mich der erste Guß. Die nächste Steigung ist bereits so schlüpfrig, daß ich sie nur im »Fußgang« nehmen kann. Dann folgt eine Überraschung: Statt weiter mit Wasser, werde ich mit Hagel eingedeckt. Harte Windböen begleiten diesen ersten winterlichen Gruß. Im Gesicht und auf den Handrücken schmerzen die Eiskörner wie Nadelstiche. Die Wucht, mit der mich das Unwetter trifft, macht mir überdeutlich bewußt, *wo* ich mich befinde. Per Rad über eine Gebirgspiste in Alaska, das ist keine Tour durchs Alpenvorland.

Aus dem Schauer scheint ein Dauerzustand zu werden. Der noch immer niedergehende Hagel verwandelt die Natur in eine Winterlandschaft. Alaska bekennt Farbe. Ich stehe in gebückter Haltung, wende Eis und Wind den Rücken zu. Es ist weniger die augenblickliche Situation als der Gedanke an das noch Kommende, was mich beunruhigt. Denn es werden, wenn der Winter schon viel näher gerückt ist, erneut Bergstrecken vor mir liegen, die St. Elias, die Wrangell, die Chugach Mountains. Dieser Hagelsturm erscheint mir wie eine Vorwarnung.

Endlich klart es wieder auf. Der weiße Belag auf der Straße beginnt zu schmelzen. Aber es dauert nicht lange, und ich bekomme die Folgen von »Wasser auf Lehm« zu spüren. Bereits am Mount Fairplay ist die Tour für heute zu Ende. Zwischen Rädern und Schutzblechen quillt es wie brauner Teig hervor. Meine Gummistiefel wiegen durch den anhaftenden Lehm ein Mehrfaches. Zunächst versuche ich es mit »Freischneiden«. Das Finnenmesser fährt in die zähen Placken wie in Speckseiten. Doch die Intervalle werden immer kürzer. Zum Schluß reichen zehn Schritte, und die Räder sind durch den aufgenommenen Lehm blockiert. Das war's für heute!

Mir bleibt nur eines: das Zelt aufbauen und abwarten, bis die Piste wieder übertrocknet ist. Ich werde mich auf meiner Fahrt zum Yukon wohl mit Geduld wappnen müssen.

Ein neuer Tag, neue Hoffnung. Ich mache einen »Probegang«.

Zwangsstop: Lehm so zäh wie Brotteig

Das »abgemagerte« Rad

Die Piste ist zwar noch etwas klebrig, aber man könnte es wagen. Der scharfe Wind würde schon für weiteres Abtrocknen sorgen. Tatsächlich spielt dann auch der Himmel für ein paar Stunden mit, und für das zähe Bergauf und Bergab werde ich belohnt. Von den Höhen genieße ich Ausblicke über eine völlig unberührte Natur. Nirgendwo sind Spuren menschlicher Besiedlung auszumachen, nicht einmal der Rauch einer Feuerstelle. Doch dann entledigen sich weiter voraus Wolken ihrer Wasserfracht. Ich fahre durch das »bunte Tor« eines Regenbogens – und damit mitten hinein ins Chaos.

Klebriger Lehm, ein Fußmarsch in prasselndem Regen, eine schlüpfrige Abfahrt mit steter Sturzgefahr, dann wieder zäher Lehmansatz. Zunächst muß ich die Räder etwa alle 50 Meter freischneiden, dann alle 20, schließlich alle 10. Die Situation gleicht aufs Haar der schon einmal erlebten. Schließlich bleibe ich ganz stecken. Frustrierender konnte eine Radtour kaum sein. Im Zelt studiere ich die Karte. Käme ich weiterhin so »flott« voran, dann würde ich noch auf dem Weg zum Yukon einschneien. Blieb mir nur die Hoffnung, daß dieses Schauerwetter nicht anhielt oder gar in Dauerregen überging. Bei dem Gedanken daran werde ich fast schmerzhaft an die 700 Kilometer Nässefahrt am Beginn der Tour erinnert. Aber soviel Pech, das wäre von den Wettergöttern unfair.

Heute hat die Sonne den Kampf gegen die Regenwolken gewonnen, ganz so, als habe mein positives Denken geholfen. Inzwischen liegt bereits der Mosquito Fork hinter mir. In seinem Wasser hatte ich das Rad »eingeweicht«. Anders ließ es sich vom jetzt hartgetrockneten Lehm nicht befreien.

Bisher waren mir lediglich zwei weitere Autos begegnet. Der eine Fahrer wollte ein Foto von mir machen, der andere schaute nur dumm und wäre darüber fast vom Weg abgekommen. Immerhin: im Schnitt pro Tag nur ein einziger Wagen, da werden selbst solche Begegnungen zur willkommenen Abwechslung.

Was allerdings jetzt neben mir stoppt, das hat nur noch entfernte Ähnlichkeit mit einem Pkw. Fahrer und Beifahrer (eine junge Frau) schauen so verblüfft auf mein Rad wie ich auf ihr Vehikel. »Hallo!« grüße ich die beiden. »Hallo!« kommt es echo-

Begegnung in den Yukonbergen.
Bud und Brenda in ihrem VW Käfer Marke »Alaska«

artig zurück. Da die zwei stumm weiterschauen, ergänze ich die knappe Vorstellung: »My name is Christian!« »I'm Bud and this is Brenda!« stellt der Fahrer sich und das Mädchen nun ebenfalls vor. Ich nicke ein zweites »Hallo!« und blicke an den beiden vorbei auf das urige Gefährt: ein blankes Gestell, ein Motorblock, von Karosserie keine Spur. Vorn ist ein Scheinwerfer montiert, so wie früher am Kessel der Dampfloks. Damit die Sitze nicht durchs Chassis fallen, sind Bohlen untergeschoben. Bud scheint meine Gedanken zu erraten: »You want to make a photo?« »Sure!« Beide setzen sich in Pose und lachen voller Besitzerstolz in die Kamera. Dann steigen sie sogar aus, um mir eine Aufnahme »pur« zu ermöglichen. Jetzt sehe ich erst, daß sie auf den fast blanken Spiralfedern sitzen – ein »hartes Vergnügen« bei dieser Straße. Bud zeigt auf das Auto wie auf ein Ausstellungsstück: »It's an old German VW!« Ich schüttle den Kopf; als »Käfer, Made in Germany«, waren diese Reste eines Pkws kaum noch zu erkennen. Die beiden nehmen wieder Platz (das Mädchen mit ein paar Wäschestücken unter dem Po). Sie verabschieden sich: »Wir wollen noch weiter zur ›Chicken Hill Gold-Mine‹!« Unwillkürlich muß ich lächeln: Es liegt der Verdacht nahe, daß sie dort zwischen altem Pioniergeist nach Ersatzteilen für ihren »Käfer« Marke Alaska suchen.

Einige Stunden später passiere ich selbst die Mine. Vor ihr ersetzt ein rostiges Sägeblatt das Straßenschild: »Fairbanks – Dawson City« heißt es darauf. Zwei Pfeile geben die Richtungen an; die Entfernungen muß man sich denken.

Bei der Mile post 90[18] begegnen mir dann die ersten Zeugen aus der Zeit des großen Goldrausches. Halb im Flußschotter eines Baches versunken, rottet eine alte »Dredge« vor sich hin. Auf der Blechstirn des Baggers ist noch sein Name zu lesen. Wie sinnig: Er nannte sich »Maid number one«, Mädchen Nummer eins! Wieviel Gold, frage ich mich bei diesem Anblick, mag durch den »Schoß« dieser Maid gegangen sein – herausgebaggert aus dem Flußkies?

Nur ein paar Kilometer weiter stoße ich auf die »Jack Wade Mine«; sie gilt als aufgelassen. Aber irgendein cleverer Bursche war auf den Gedanken gekommen, daß der Flußschotter, den man für den Bau des Taylor Highway benutzt hatte, aus den umliegenden Bächen stammen mußte – und diese führten natürlich Gold. Also lag es jetzt in der Trasse, und so ließ er die Straße »hin und her schaufeln«. Ihr ursprünglicher Verlauf ist jetzt kaum noch auszumachen. Wollte man auf diesem Steinacker im Sattel bleiben, würde man nicht nur Speichen-, sondern auch Rahmenbruch riskieren. Während ich das Rad schiebe, komme ich von dem Gedanken nicht los: »Du gehst über Goldstaub, du bräuchtest dich nur zu bücken und einmal genau hinzuschauen. Mit etwas Glück fändest du sogar ein kleines Nugget!« Aber der Grund, über den ich ging, war keine einfache Straße mehr, es war ein »Claim«. Da hob man lieber nichts auf. Was früher mit einer Kugel geahndet wurde, das schaffte auch noch heute Probleme; und wer wußte, ob ich nicht bereits aus einem der Wohn-Container drüben am Wald beobachtet wurde? Wie empfindlich Besitzer von Goldgrund auf fremde Nasen reagieren, das sollte ich bald erfahren.

Sprengen, bohren, baggern – Goldwaschen ohne Romantik

Zunächst höre ich nur ein lautes Dröhnen; dann sehe ich die großen Bagger, mit denen Flußkies zu einer Waschanlage transportiert wird. Etwa ein Dutzend Männer arbeiten in der Mine. Goldwaschen! Da boten sich Fotomotive. Doch kaum habe ich die Straßentrasse ein paar Schritte verlassen, werde ich angeschnauzt: »He! Get off!« Schon die »befehlende« Handbewegung des Mannes ist deutlich genug: »Hau ab! Hier hast du nichts zu suchen!« Um anzudeuten, daß ich lediglich ein paar Fotos machen möchte, hebe ich die Kamera; aber das bringt mir nur ein weiteres »Get off!« ein. So rüde verscheucht, beobachte ich notgedrungen auf Distanz die Arbeit der Männer. Was hier ablief, das hatte wenig mit Romantik zu tun. Goldsuchen heute, das war ein Job wie beim Straßenbau. Es wurde gebohrt, gesprengt, gebaggert. Die Männer dort unten arbeiteten wie im Akkord. Verglich man die Szene mit den Schilderungen Jack Londons, so wurde klar: Zum Erleben von Romantik war man 100 Jahre zu spät gekommen.

Aber kaum bin ich wieder auf Strecke, finde ich doch noch ein echtes Stück »Goldrausch-Geschichte«. Die etwas abseits der

Piste gelegene Hütte ist zwar nicht mehr ganz niet- und nagelfest, der Rauch, der aus dem Ofenrohr über dem Dach verweht, signalisiert jedoch: »Hier wohnt jemand!« Neugierig nähere ich mich. Mit den alten Gerätschaften, die überall herumliegen, dem offenbar gerade benutzten Sägebock und dem ausrangierten Blechgeschirr an der Tür sieht diese Behausung aus, als sei hier die Zeit stehengeblieben.

Weil sich nichts rührt, gebe ich mich durch Rufe zu erkennen: »Hello! Is there someone?« Doch in der Hütte bleibt es still. Vielleicht hockte der Prospektor an einem der Bachläufe und ließ den Quarzsand in seiner Waschpfanne kreisen. Ich stelle mir die Gestalt vor: Ein wettergegerbter Typ mußte es sein, vollbärtig, mit einem abgegriffenen Lederhut auf dem Kopf und einem Colt an der Hüfte. Wer *so* wohnte, der *konnte* nicht anders aussehen. Als sich nach nochmaligem Rufen wieder nichts rührt, gehe ich enttäuscht zum Rad zurück. Schade, daß ich den Goldsucher nicht zu sehen bekam; er hätte bestimmt einige »Stories« für mich auf Lager gehabt.

Die Piste pendelt weiter durch die Berge. Nach einem Nachtlager in windiger Höhe ist die Fahrt schon kurz nach dem Aufbruch wieder zu Ende. Regen hatte den Lehm aufquellen lassen; das Rad mahlt sich fest. Trotzdem versuche ich weiterzukommen; denn einen erneuten »Zwangsaufenthalt« kann ich mir nicht leisten. Schon bei der nächsten Abfahrt werde ich für meinen »Trotz« bestraft. Ein am vorderen Reifen haften gebliebener Stein reißt das Schutzblech ab. Es gerät in die Speichen und wird zu einem formlosen Etwas. Das Geräusch klingt so laut, als sei die Gabel gebrochen. Fahren ist nun schon deshalb nicht mehr möglich, weil mir der vom Rad aufgeworfene Dreck von unten ins Gesicht fliegt. Wieder einmal verkommt die Tour zum Fußmarsch.

Doch auch Autofahrer zahlen auf dieser Strecke ihren Tribut. Abgebrochene Teile oder solche, die sich durch den »Dauerrütteltest« von den Wagen gelöst haben, zieren den Straßenrand. Am wertvollsten erweist sich für mich ein metallener Luftfilterschlauch. Aus ihm bastle ich mir ein Ersatz-Schutzblech; damit ist wenigstens das Problem des »Lehmschleuderns« gelöst.

*Ein Stück Goldrausch-Geschichte – Prospektoren-Camp an der
»Jack Wade Mine«*

Die Piste wird steiniger. In einer langen Geraden geht sie den nächsten Berg an. Oben, in Wolkennähe, sind ein paar Hütten auszumachen. Aber es sollte noch ein beschwerlicher Weg bis dorthin werden.

Längst regnet es wieder. Das die Steigung herabströmende Wasser macht die Piste zum Bachlauf. Der Einödposten voraus ist nicht mehr zu sehen; er ist in den Wolken verschwunden. Bald hüllen diese auch mich ein. Zum Regen kommt jetzt noch nasse Kälte.

Es geschieht ohne Vorwarnung! Wie einem Autofahrer, der, aus dem Schutz eines Waldes kommend, plötzlich einer Bö ausgesetzt wird und die Kontrolle über seinen Wagen verliert, so ergeht es auch mir. Es wirft mich samt Rad um. So hart ist der Windstoß, daß ich dabei – trotz Kinnband – meinen Südwester einbüße. Ich sehe ihn davonsegeln, völlig chancenlos, ihn einzuholen. Der Verlust trifft mich hart, denn keine Kapuze kann diesen Wetterschutz ersetzen, und ein Nachkauf ist wohl im ganzen Land nicht möglich. Wieder auf den Beinen, habe ich Mühe, die Balance zu halten. Mir ist, als sei ich aus einem windgeschützten Tal in einen Gipfelsturm geraten. Noch nie hatte mir die Natur eine so deutliche Lehre gegeben: »So ist es, wenn du plötzlich von Lee nach Luv kommst!«

Ich stapfe weiter »durch die Wolken« – von oben eisiger Regen, unter den Füßen eine wasserdurchzogene Geröllpiste. Was für Bedingungen, um an die Ostgrenze Alaskas zu kommen!

Es muß ein Nebengipfel gewesen sein, der diesen plötzlichen Windumschwung bedingt hatte, denn erneut tauche ich nun in ruhige Wolkenschichten ein. Und dann stehe ich urplötzlich vor den Hütten, die ich schon gesichtet hatte. Seit Verlassen des Alcan sind sie für mich das erste Stückchen »normale« Zivilisation.

Grenz-Bar, Grenz-Café, Reparaturschuppen: Beim Anblick dieses Einödpostens schraube ich meine Erwartungen sogleich zurück. Hier handelt es sich allenfalls um einen »Zivilisationsrest«. Gespannt auf das »Innen«, nehme ich mir zunächst das »Boundary-Café« als Ziel. Dort könnte man sich aufwärmen und wohl auch etwas essen. Noch auf der Türschwelle stehend, begreife ich: »Das Stiefel-Ausziehen hättest du dir sparen können.« Denn ein Blick in die Runde zeigt: So genau nimmt man es hier nicht. Der Raum ist nur »bedingt« winddicht; die Ritzen unter dem Dach sind mit Wollstreifen verstopft – wohl die Reste einer Decke. Ein großer Eisenofen heizt gegen den Wärmeverlust an. Er schafft es sogar, etwas Gemütlichkeit in das »Grenz-Café« zu bringen. Die Bedienung, eine Frau um die Fünfzig, sieht mir erwartungsvoll entgegen: ein Gast! Bohnensuppe könnte sie mir aufwärmen oder ein Chicken – dazu gäbe es Selbstgebackenes, beantwortet sie meine Frage nach etwas Eßbarem. Ich schäle mich aus meiner Regenmontur, rücke mir einen Stuhl zurecht und strecke die Beine aus. Was für ein Genuß!

Als mir die Frau das Essen bringt, lächelt sie. Eine seltsame Reihenfolge: Bohneneintopf (mit Nachschlag) als »Entrée«, ein Hähnchen zur »Nachspeise«, der Kerl muß Hunger haben. Ich lächle zurück: Stimmt! und zeige auf den Kalender im »Prospector-Look«, der neben dem Eingang zur Küche hängt. »Ist zwar von 1907, aber irgendwann ›passen‹ die Tage wieder!« beantwortet sie meine unausgesprochene Frage. Diese Art von Humor scheint für die Frau charakteristisch zu sein, denn als ich sie am Schluß unserer Unterhaltung nach einem Plätzchen für mein Zelt frage, meint sie: »Beim Generator, da ist es nicht so ›still‹, und das Waschwasser kommt für dich vom Himmel!« Ich bedanke mich mit einem: »Thanks! See you later!« und denke dabei: »Na, hier wirst du wohl noch mehr Wundersames erleben!«

Auf dem Weg zur Bar-Hütte lerne ich »Boundary-Baby«, Grenz-Baby, kennen, eine coltbewehrte Brünette. Die Frau im Café hatte mir schon den Namen der »Mitbewohnerin« genannt und hinzugefügt: »We just call her ›Bab‹!« Die junge Frau schaut mißmutig aus der nur spaltbreit geöffneten Tür ihres »Shops«, einer Hütte von der Größe eines Kinderzimmers. Kaum zu glauben, daß in einer solchen Bude Gold verkauft wird; und doch ist es der »Job« der Frau. Nun aber vermiest ihr der Regen die Kundschaft. Als ich sie frage, was so ein Nugget kostet, taxiert sie mich mit spürbarer Geringschätzung. Dann »tropft« es aus ihrem Mund: »*A hundred!*« Und dieses »100 Dollar« klingt ganz deutlich nach: »Du armer Kerl, wie wolltest du das bezahlen?«

Auf dem Weg von diesem »bewachten Holz-Tresor« zur Bar mache ich noch eine Bekanntschaft. Aus dem Grau der aufliegenden Wolken kommt eine Gestalt auf mich zu. Der Mann sieht aus, als habe er einen langen Fußmarsch hinter sich. Seine Kleidung trieft vor Nässe, Stiefel und Hosenbeine sind dreckverschmiert. Ich grüße, spreche ihn an: »Hello...« Aber statt zu antworten, steuert er stumm an mir vorbei – Richtung Schuppen. Jetzt sehe ich, daß der Mann ein Messer in der Hand hat, sein Ziel ist wohl der Schleifstein an der Wand. Dieser Typ, der von irgendwoher aus den Yukon-Bergen kommt, ist nach seinem Äußeren selbst ein Stück Wildnis. Eine solche Bilderbuchgestalt traf man nicht alle Tage, und ich gäbe einiges für ein Gespräch mit diesem Buschgänger.

Als er nun beginnt, sein Messer zu schleifen, spreche ich ihn erneut an. Die Antwort ist zunächst nur ein dumpfes Brummen; aber dann bequemt er sich doch zu einem Minimum an Höflichkeit. Die englische Sprache hat viele Klangnuancen, aber die ich jetzt höre, ist mir völlig fremd. Was ich von seinem »schweren

Zungenschlag« begreife, ist, daß sich der Mann ein »verdammt zähes Stück Fleisch« geschossen hat – und nur hierher gekommen ist, um das »ebenso verdammt stumpfe Messer« zu schleifen. Seine Stimme wird wieder zum Brummen. Er prüft die Schneide mit dem Daumen, nickt zufrieden und läßt das Messer dann unter dem Bund seiner Gummihose verschwinden. Kein Gruß, nicht einmal ein Seitenblick: So stumm, wie die Gestalt gekommen ist, verschwindet sie auch wieder – ein echter Yukoner[19] auf dem Weg in sein »Revier«.

Seit dem Betreten des Grenz-Cafés hatte ich bis jetzt nur »Originelles« kennengelernt; da konnte die Bar gar keine Ausnahme machen!

Das Hinweisschild neben der Tür: »Messer ablegen!« mißachte ich; auf Streit im Whisky-Rausch war ich nicht aus. Der Keeper hatte wohl schon von meiner Anwesenheit erfahren. Als ich die Bar betrete, schaut er mir – beide Hände auf den Tresen gestützt – erwartungsvoll entgegen. Im Regal hinter ihm steht alles an harten Drinks, was Männerkehlen reizen könnte. Nach kurzem Gruß bestelle ich das »kleinste aller Übel«, eine »Coke«. Der Mann schaut mich an, als hätte ich ein Glas Milch verlangt; seine Miene verändert sich: Cola pur, ohne Rum, ohne Whisky, was für eine Unverschämtheit! Er setzt die Dose so hart auf dem Tresen auf, als wolle er damit sagen: »Scheißpuritaner!« Doch ich mache mir wenig aus seinem griesgrämigen Gesicht, denn das Inventar der Bar, das hatte ich beim Hereinkommen gleich erkannt, wog jede Unfreundlichkeit auf. Diese Hütte war das »Glanzstück« des Postens.

In der rechten Ecke des Raumes steht – von Kisten mit Alkoholischem fast verdeckt – ein altes Klavier. Würde man die Staubschicht darauf beseitigen, so käme darunter wohl ein Schmuckstück zum Vorschein. Wie viele Dirnenröcke mögen während des Klondike Rush[20] zur Musik dieser Tasten »geflogen« sein, wie viele Männerstiefel den Takt dazu gehämmert haben? »Nelly the Pig« und »Klondike Cat«[21], sie wüßten es vielleicht.

Ich schaue mich weiter um. An den Wänden hängen die Konterfeis alter Goldgräber, ausnahmslos vollbärtige Gestalten. Pinupgirls hatten in dieser rauhen Männer-Gesellschaft nichts zu

An der Ostgrenze Alaskas, in 1000 Meter Höhe gelegen: die »Action Jackson's Bar«

suchen. Neben einem Paar angeketteter Stiefel hängt ein Zettel: »Big Swed, worked to death in Don Sander's Gold-Mine!«

Der »große Schwede« hatte sich also beim Goldschürfen zu Tode gearbeitet.

Zu den vielen »Erinnerungsstücken« an den Wänden gehören vor allen Dingen Geldscheine; selbst die Decke der Bar ist auf diese Art »tapeziert«. Trinker und Besucher müssen die »Spender« gewesen sein. Mich verblüfft, daß es sich manchmal um Scheine handelt, die man eigentlich nicht als Wechselgeld zurückläßt, zumal auch gültige »Fünfziger« darunter sind. Wer so mit Dollar um sich warf, der mußte einen »Fund« gemacht haben.

Nachdem ich genug geschaut habe, stelle ich die Cola-Dose »ähnlich unhöflich« wieder auf den Tresen zurück, und mein »Thanks!« beim Gehen gilt mehr der »Galerie« als dem Keeper.

Draußen tobt sich der Regensturm weiter aus. Beim Aufbau des Zeltes habe ich Mühe, es am Boden zu halten. Es wird eine bewegte Nacht. Zweimal muß ich hinaus, um die Leinen zu sichern, und mir ist dabei, als hätten wir bereits Winter.

Beim Frühstück im Café erfahre ich, daß es während der Nacht nur noch »a cut above«, »ganz wenig über Null« gewesen war. Noch hatten wir August; wenn die Temperaturen jetzt schon so weit absanken, wie sollte das erst später werden? Die Antwort gibt mir ein Blick aus dem Fenster; in den Regen hat sich nasser Schnee gemischt. Nun hält mich nichts mehr, kein »Grenz-Café«, keine »Boundary-Bab«, keine »Jackson's Bar«. Ich muß aus dieser Höhe herunter – notfalls zu Fuß. Eingeschneit werden – schon auf dem Weg zum Yukon –, das fehlte mir noch.

Der Abschied vom warmen Ofen fällt mir nicht leicht: »I must go on!« erkläre ich der Frau, die mich, obwohl sie meinen Namen kennt, immer nur mit »cyclist« anredet. Draußen packt mich der Wind. Der Abbau des Zeltes wird zum »Manöver«. Dann stapfe ich los, wie tags zuvor der rauhen Natur schutzlos ausgeliefert.

Noch immer jagen die Wolken sturmgetrieben über die Anhöhe. Ein Blick zurück: Die kleine Hüttengesellschaft liegt wie im Nebel. Was vor mir auf mich wartet, kann ich nur ahnen; dort verschwindet die Piste im Grau.

Was für ein Wechsel! Eben noch in einer warmen Stube, jetzt in der »kalten Waschküche«. Dazu zerrt der Sturm am Regenanzug, als wollte er ihn zerreißen. Um das Gesicht zu schützen, schiebe ich das Rad in gebückter Haltung. Selbst wenn ich fahren könnte, würde ich es nicht wagen. Bei einem Check am Café hatte ich bemerkt, daß sich der hintere Reifen »in Auflösung« befand. Voller Geweberisse, würde er keine große Belastung mehr aushalten – schon gar nicht diese Steinstrecke. Ich wollte ihn schonen bis zur Abfahrt; danach konnte er in Fransen gehen.

In gar nicht so heldenhafter Verfassung erreiche ich den Grenzposten. Der US-Zöllner scheint gar nicht zu bemerken, daß sich da jemand aus dem Land mogelt, aber der Kanadier winkt mich herein. »Sorry!« Ich sage das wegen der Wasserlache, die sich zu meinen Füßen bildet. Der Zöllner winkt ab: »Just water!« Dann Kopfschütteln, neugierige Fragen, so etwas wie menschliche Wärme. Aber nun wird der Beamte dienstlich: »Any alcohol, drugs or weapons?« Führst du Alkohol, Rauschgift oder Waffen mit? Ich verneine: »No, nothing at all!« Gut, eine Waffe, das wäre vielleicht ein Verdachtsmoment, denn wer machte eine solche Reise schon mit Fahrtenmesser. Aber »Stoff«? Der Zöllner gibt sich mit meiner Auskunft zufrieden. Er sieht wohl selbst ein, daß ich »high« nicht im Sattel bleiben kann. Dann drückt er mir den Stempel in den Paß: »*Canadian Customs, Little Gold Creek, Yukon Territory*«. Schließlich entläßt er mich mit dem gutgemeinten Tip: »Be careful!« Ja, »aufpassen«, das wollte ich wohl! Die Station liegt in 1200 Metern Höhe, und es geht weiter bergauf. Fast geisterhaft tritt aus dem nassen Grau ein Schild hervor: »Es »grüßt« den Einreisenden: »Welcome to Yukon Territory, Land of the Midnight Sun!« »Land der Mitternachtssonne«! Angesichts dieser Wetterbedingungen klang das wie ein übler Scherz. Mit dem Körper die Kamera vor der Nässe schützend, mache ich ein Foto – und weiter geht es. Lehm, Steine, Lehm – ein widriger Wechsel. Ich weiß, daß der Yukon nun greifbar nahe liegt, aber es soll wohl nicht sein, daß ich ihn schon sehe.

Die Hochebene war verführerisch. Ich hatte es gewagt, wieder ein Stück zu fahren. Es ist nicht der Reifen, der platzt, es sind gleich zwei Speichen, die mit einem dumpfen »Kläng« abreißen. Vor lauter Lehmansatz habe ich Mühe, sie ausfindig zu machen; auch der Reifen sieht inzwischen deformiert aus, daß er wohl gerade noch fürs »Schieben« taugt. Aber vielleicht hielt alles noch etwas durch; denn eine Reparatur hier oben – mit vollem Absatteln und Demontieren des Rades –, da würden meine Finger im Dreck erstarren.

Doch ich schaffe es nicht. Der Tag, der nie einer war, ist bereits wieder zu Ende. Die Nacht löst sein Dämmerlicht ab. »Be careful!« hatte mich der Zöllner gewarnt. »Be careful!« ermahne ich mich jetzt selbst. »In der Dunkelheit kannst du eine solche Abfahrt nicht wagen, da riskierst du dein Genick!«

Das Zelt ist mit Steinen auf blankem Fels verankert. Etwas Besseres habe ich nicht gefunden. Irgendwo in meinem Kopf war da auch »Bären-Alarm«; deshalb hatte ich eine Fläche mit Blaubeer-Sträuchern gemieden. Nun ist abzusehen, daß der Sturm meine Hütte beuteln wird, steht sie doch so verdammt schutzlos.

Am nächsten Morgen verzichte ich aufs Frühstück, ich möchte so schnell wie möglich aus der Höhe herunter. Aber Zeltabbau und Packen, dazu taugen keine Handschuhe; so muß ich dann doch einen Würfel Spiritus fürs Aufwärmen der klammen Finger opfern. »Und wenn ich den Yukon zu Fuß erreiche!« Mit diesem Vorsatz breche ich schließlich auf.

Es gibt Momente, die kann man nicht beschreiben: Ich habe das Rad weitergeschoben – über Steine, durch Wasser, durch zähen Lehm. Es gab Rillen, da versank ich bis zum Schienbein im Schlamm. Aber irgendwann kippte diese verdammte Piste, die sich großspurig »Top of the World Road« nennt, ab. Ich begriff es nicht gleich, als das Rad wie von Geisterhand geschoben zu rollen begann. Ich lief neben ihm her, versuchte mit den Absätzen zu bremsen. Dann kam ich aus den Wolken heraus – wie in einem Fahrstuhl; und vor mir, ja mir zu Füßen, floß der Yukon.

Wie oft hatte ich Robert Service gelesen? Doch erst jetzt verstand ich die Worte des Dichters:

»There is the Land. Have you seen it?
It's the cussedest land that I know.
From the big dizzy mountains that screen it
To the deep deathlike valleys below.
Some say God was tired when he made it
Some say it's a fine land to shun;
May be; but there's some as would trade it
For no land on earth – and I'm one.«[22]

Milchige Luft liegt über den endlosen Wäldern Yukons. Die Berge im Osten scheinen aus Erz gegossen zu sein. Ich stehe und blicke staunend über das Land, das die einen lieben – andere aber verfluchen. »My boundaries are wild and wide!« Meine Grenzen sind wild und weit! Niemand ließ diese Natur so treffend »sprechen« wie jener Robert Service. Langsam schiebe ich das Rad zum Yukon River hinunter. Ich spüre, alle Strapazen haben sich gelohnt!

Wenig später stehe ich am Ufer des »großen grauen Stromes«. Mir geht es in diesem Augenblick wie einem Sportler, der das Zielband zerrissen hat. Als ich das Rad abstelle, werden mir die Knie weich, denn auch mein erreichtes Ziel ist ein »Sieg«.

Die »Top of the World Road« endet so stilvoll, wie sie begon-

Wieder eine richtige Straße unter den Rädern – »Ziellinie« Yukon River erreicht

nen hat. Ihre Trasse taucht weg in den Fluten des Yukon. Sie wird damit zu einer behelfsmäßigen Anlegestelle für die kleine Fähre, die den Verkehr nach Dawson City, das am anderen Ufer des Flusses liegt, aufrechterhält. Die Stadt verdankte ihr Entstehen dem größten Goldrausch aller Zeiten. Zehntausende folgten dem Ruf: »Gold at Bonanza Creek!« Abenteurer und Dirnen schrieben hier Geschichte. In der Literatur findet man sie wieder: den alten »Tarwater«, »Burning Daylight« und Frauen wie jene »Nelly the Pig«. Nur noch Minuten, und ich ginge selbst über die hölzernen Bürgersteige, die einst widerhallten von den Stiefeln der Goldsucher.

Leider gerät meine Ankunft in Dawson City zu einer Art Auftritt. Eigentlich wollte ich nur das versäumte Frühstück nachholen und dabei ein wenig das Treiben in der Stadt beobachten: Dawson ein Jahrhundert nach der großen Stampede. Doch kaum habe ich auf einem Holzpodest Platz genommen, als ein Passant mein Rad entdeckt. Der Mann verwickelt mich nach Pressemanier in ein Gespräch. Nun gut, mit einem simplen Fahrrad durch die Berge hierher zu kommen, das war etwas anderes als mit einem Geländewagen. Aber jetzt hält er andere Passanten an und verkündet marktschreierisch: »He came on that push-bike! He managed the Taylor! He is German!« Es dauert nicht lange, und eine Gruppe Schaulustiger hat sich angesammelt. Man gafft mich an wie ein exotisches Tier. Hielte ich ein Zehnunzennugget in den Händen und riefe dabei laut: »Gold! Gold from forgotten mining area!« hätte ich Verständnis für diesen Menschenauflauf; so aber habe ich den neugierigen Blicken nur einen Kanten Brot und ein Stück Käse zu bieten. Zwei Dutzend Augenpaare verfolgen, wie ich davon abbeiße, wie ich kaue, wie ich schlucke. »He came on push-bike...«

Der Marktschreier macht noch immer Reklame für den »Deutschen, der mit dem Fahrrad über den Taylor kam«. Ja, ja – etwas hart sei die Tour schon, auch nicht ganz ungefährlich! Ein Buch schreiben? Vielleicht – könnte sein! Natürlich schlafe ich im Busch, wo denn sonst? beantworte ich einige der Fragen. Einer will es genau wissen: »Wie schwer ist dein Rad? Wieviel wiegt das Gepäck? Wie viele Meilen mußtest du zu Fuß gehen?« Auf die letzte Frage gebe ich dem Mann eine provozierend-sinnlose Antwort: »Each mile makes one and a half kilometer, right?« (Jede Meile macht anderthalb Kilometer, nicht wahr?) Nun reicht es mir. Ich rutsche vom Podest herunter; in der einen Hand das Brot, in der anderen den Käse, deute ich den Leuten an: »Macht mal Platz, ich möchte zu meinem Rad! Die ›Show‹ ist zu Ende!«

Trockenes Brot schmeckt selbst mit hungrigem Magen nicht, wenn so viele Blicke jeden Bissen mitkauen. Wieder auf der Fähre, nehme ich mir vor: so ein Affentheater machst du nicht noch einmal mit.

Mein Zelt steht am Nordufer des Yukon. Mit repariertem, von den Lehmspuren befreitem Rad – und in etwas zivilerer Kleidung – lasse ich mich wieder übersetzen. Heute möchte ich mir Dawson City »in Ruhe« anschauen.

Der Klondike Rush hat in der Stadt deutliche Spuren hinterlassen; ja sie ist vom Gold geprägt. So manche Fassade inzwischen baufälliger Gebäude verrät die »große Zeit«. Aber auch viel neue Farbe ist zu sehen. Restauratoren sind dabei, dieses »Freilichtmuseum« zu erhalten.

In den Lehmstraßen ist das Wasser des letzten Regengusses in großen Pfätzen zusammengelaufen. Sie sind noch immer etwas für hochschaftige Stiefel; Ladies lassen sich am besten von einem Gentleman auf die andere Seite tragen. Vor dem alten Postamt kehrt eine Frau gerade den Bürgersteig – stilecht mit einem Rutenbesen. Als ein vorbeifahrendes Auto einen Schwall Lehmwasser auf die Bretter wirft, gibt sie resigniert auf. Wer einen Putzfimmel hat, der wird hier zum Neurotiker. Der Portier des Postamtes tritt für einen Augenblick heraus und wirft einen prüfenden Blick zum Himmel. Unwillkürlich muß ich lachen, denn der Mann trägt einen Anzug Modell 1900 – »Museumsbetrieb«!

Auf der anderen Straßenseite liegt das »Grand Theatre«. In dem hölzernen Bau kann man für ein paar Dollar beim Cancan die Röcke fliegen sehen. Für heute abend sind die »Gaslight Follies« angesagt. Noch 100 Jahre «danach« lebt Dawsons Vergangenheit.

Im Weitergehen werfe ich einen Blick in eine halbgeöffnete Tür: wieder so ein Stück lebendige Geschichte. Der Mann am Schreibtisch trägt einen schwarzen Zylinder; seine Oberbekleidung sieht nach Frack aus. Als er mich bemerkt, steht er auf, lüftet den steifen Hut und macht mir ein Angebot: »You want a goldtour?« Ich verneine und sage dem Mann, daß ich nur wegen des ausgestopften Adlers an der Wand hereingeschaut hätte. Immer mehr wird mein Gang durch Dawson City zu einem »Museumsbummel«: das Blockhaus, in dem Jack London wohnte, unweit davon die »Cabin Robert Service«, das geschichtsträchtige »El Dorado Hotel«. Wie damals überall in der Stadt, so konnte man auch hier seine Zeche, sein Bett mit Goldstaub bezahlen; nur, das Schild »Gold dust accepted« fehlt inzwischen. In Dawson sind auch »Sammler« unterwegs.

Ich schnüffle weiter herum. An der Wand eines kleinen Blockhauses trocknet ein Bärenfell. Im Vorgarten eines anderen steht die »Yukon Rose«, ein altes Motorboot; sie wartet dort auf den endgültigen Zerfall. Dann die »Old Art Gallery«: Das wind-

»Worked to death«: Wandschmuck in der »Grenz-Bar«

Die »Keno«, der letzte der Schaufelraddampfer, die einst das Wasser des Yukon pflügten

Dawson City: Holz und Wellblech – die Kunstgalerie

schiefe Gebäude ist selbst ein Kunstwerk. Es ist aus Brettern und Blech zusammengenagelt, und über dem Eingang wäre die Warnung angebracht: »Betreten auf eigene Gefahr!« In Sichtweite dieser »Kunstgalerie« liegt die »Keno« – jetzt auf dem Trockenen. Sie war der letzte der »Sternwheeler«, die den Yukon befuhren. So mancher dieser Schaufelraddampfer ging im »Miles Canyon« oder bei den »Five Finger Rapids« zu Bruch. Ich brauchte von »Gold-Tour-Angeboten« wirklich keinen Gebrauch machen, hier in Dawson stolperte man förmlich über die Geschichte.

Als ich am nächsten Tag bei der »Bank of Commerce« Geld wechsle, fällt mir ein kleines Messingschild auf: »Gold dust teller«; es gab ihn also noch immer, den Schalter, an dem man seinen Goldfund im Tausch gegen »Cash« abliefern konnte. In einer Reklameschrift lese ich später, daß die Jungen der Hauskatze dieser Bank als »Symbol für Gemütlichkeit« während des Goldrausches 100 Dollar pro Stück brachten. In der rauhen Atmosphäre der Blockhütten war so etwas eine Rarität.

»It isn't the gold that I'm wanting so much – as just finding it!«

Es ist nicht das Gold, nach dem ich so sehr verlange – vielmehr nur das »Finden«. Dieses Dichterwort beschrieb treffend jene Sucht, die schon viele um den Verstand gebracht hatte; und wohl jeder, der hier in den Spuren der Geschichte ging, wurde von diesem Bazillus befallen. Dabei machte man es dem »Cheechako«[23] leicht: Eine Waschpfanne kostete ganze fünf Dollar, Schaufel und Pickel waren auch zu haben; und mit »Credit Card« konnte man sich sogar einen eigenen Claim kaufen. Doch wer glaubte, daß sich hier das Gold noch immer (wie es früher hieß) »aus den Graswurzeln schütteln ließ«, den holte sehr schnell die Ernüchterung ein. Deshalb wähle ich gleich den »vernünftigen« Weg. Ich ziehe es vor, ein kleines Souvenir-Nugget bei einem der hier ansässigen »Gold buyer« zu kaufen.

Als ich den Laden betrete, liefert dort ein »Prospektor« gerade sein Schürfergebnis ab; eine Metallkapsel mit »Dust«, Staub, wie man hier feines Gold nennt. Ich taxiere den Mann von der Seite: kein Vollbart, kein Lederhut, kein Colt. Er sieht eher wie ein Ingenieur aus und würde ebensogut in die Schaltzentrale eines Industriewerkes passen – von Goldgräber-Romantik keine Spur; da wirke ich in meinem »halben« Busch-Look ja echter.

Der Ladenbesitzer hat den Inhalt der Kapsel auf ein Blech gleiten lassen und sondiert ihn mit einem Blick: »Dust, wirklich nur Dust; kein einziges Nugget darunter!« Das drückt natürlich den Preis; denn Klümpchen, die sich zu Schmuck weiterverarbeiten lassen, bringen mehr. Als er den Goldstaub auswiegt, macht der Einlieferer einen langen Hals. »About three hundred!« nennt ihm der Aufkäufer die Höhe des Erlöses. Der Mann beginnt zu schimpfen: Es lohne kaum noch, dazu sei man auf eine »shift«[24] gestoßen, das kompliziere den Abbau! Plötzlich sei die Ader weggewesen!

Er steckt den ausgestellten Scheck ein und geht. »Was für ein nüchternes Geschäft«, denke ich, »eine Handvoll Goldstaub gegen ein Stück Papier.«

Als der Ladenbesitzer sich mir zuwendet, ist er ganz erstaunt, daß ich kein Gold abliefern, sondern welches kaufen möchte. Es wird ein ebenso nüchterner Akt: Aussuchen, Wiegen, Bezahlen. Immerhin, für ganze 62 Dollar besitze ich dann ein kleines Nugget, das, im Schaufenster eines Juweliers angeboten, erheblich mehr kosten würde.

Auf dem Rückweg zur Fähre werfe ich noch einen Blick ins richtige Goldmuseum. Die dort ausgestellten Fotos und Requisiten zeugen von den harten Bedingungen, unter denen Menschen hier einst ihr Glück versuchten. Im Gästebuch finde ich Namen aus aller Herren Länder. Dawson City, fast ein Jahrhundert nach dem »Cry for Gold«, ist noch immer ein Magnet. Unter den Eintragungen finde ich auch die eines Deutschen: »Didn't find any gold!« Habe keinerlei Gold gefunden! Jener H.J. Schröder, von dem diese Notiz stammte, war nur einer in der Schar derer, die leer ausgingen.

Am Klondike gab es schon immer mehr Enttäuschte als Glückliche.

Einsame Etappen

Das Fahrrad ist generalüberholt, die Reifen sind gewechselt, in den Packtaschen ist eine Wochenration Verpflegung verstaut; noch eine Nacht am Yukon, dann hat mich die Wildnis wieder.

Ein Wetterumschwung beschert mir zum Abschied ein stimmungsvolles Erlebnis. Von Norden her ist Kaltluft eingebrochen; über dem Yukontal wölbt sich ein Sternenhimmel, so klar wie in einer Wüstennacht. Drüben in Dawson beginnt ein Husky zu heulen; andere Hunde fallen ein. Die auf- und abschwellenden Töne mehren sich. Es sind die Dunkelheit, die Stille und der faszinierende Sternenhimmel, die dieses Konzert aus vielen Hundekehlen zu einem »Klangbild« machen. Es fehlt nur noch der Schnee, und der Zeitsprung zurück in einen Klondike-Winter, wie ihn Jack London beschrieben hat, wäre perfekt.

Am nächsten Morgen fließt der Yukon unter einer dichten Nebeldecke. Noch einmal übersetzen mit der Fähre, dann eine »Abschiedsrunde« durch die noch schlafende Stadt. Mir kommt dabei ein seltsamer Gedanke: Ein richtiges Yukon-Hochwasser, und das fast gänzlich aus Holz erbaute Dawson schwämme obenauf. Gleich alten Barken würden die Häuser abtreiben in Richtung Beringstraße – vorbei an Indian Village, an »Biedermanns Camp«, an »Johnnie Erons Cabin«. Ich kurve hinaus, Richtung Osten, und lasse damit dieses »Museum« endgültig hinter mir.

Der Highway, den ich nun befahre, nennt sich »Klondike« oder »Yukon 2«; er durchschneidet altes Goldland; so begleitet mich noch viele Kilometer die Geschichte des Gebietes. Jedes Bachufer ist ein »Steinacker«. Unzählige Male wurde die Erde hier gewendet, und bis heute konnte die Natur nicht wieder Fuß fassen. Der Hinweis »Bonanza Creek«: Hier fand ein gewisser George Carmarck im Sommer 1896 eine Handvoll Gold; es war die Geburtsstunde des »Klondike Rush«. Nun folgen alte Gleise, Kipp-Loren, Spülrohre – Berge rostiger Requisiten aus einer »glänzenden« Zeit. Bei der Position »Last Chance«, der letzten Buddelstelle, verlasse ich die Spur des Goldes; vor mir liegt jetzt die Weite Yukons.[25]

Mein Plan ist es, das Territorium in südöstlicher Richtung zu durchqueren, um bei dem Ort Watson Lake wieder auf den Alaska Highway zu stoßen. Eine Mammut-Distanz liegt vor mir. Auch ohne Abstecher sind es fast 1000 Kilometer bis zum Alcan, und entlang der Strecke gibt es keine einzige Siedlung, die wenigstens die Bezeichnung »Dorf« verdient hätte. Zwar könnte ich Verpflegung nachkaufen, etwa in Carmarks oder am Pelly River, doch auch das würde einen Umweg bedeuten. Zehn Tages-Etappen von jeweils knapp 100 Kilometern hatte ich für diese Yukon-Durchquerung angesetzt, ein ehrgeiziges Ziel, zu ehrgeizig, wie sich bald herausstellen sollte. Aber durch die lange Regenfahrt am Beginn der Tour und die Lehmstrecke in den Bergen lag ich in meinem Zeitplan so weit zurück, daß ich mir »Bummeln« nicht mehr leisten konnte. Außerdem waren die ersten Schneeflocken an der Alaska-Grenze Warnung genug gewesen.

Immerhin scheint nun eine Rechnung aufzugehen: Ende August beginnt in diesen Breiten der »Indian Summer«, ausgelöst von einer stabilen Hochdruck-Wetterlage. Während der letzten Nacht hatte er Einzug gehalten; die Natur »riecht« förmlich nach Herbst.

Schon bald haben sich die Morgennebel aufgelöst, jetzt radle ich unter einem fast wolkenlosen Himmel. Dazu habe ich die mild wärmende Sonne im Gesicht. Es sind Bedingungen, die mir eine Durchquerung Yukons nicht mehr so abschreckend erscheinen lassen. Die Kilometer addieren sich; ich komme so zügig voran, daß ich voller Optimismus im Sattel sitze.

Die Straße führt durch eine Natur von bilderbuchhafter Schönheit. Zum Zelten kann ich mir meinen »Haus-Bach«, meinen »Privat-See« beliebig aussuchen. Würde mir nicht im Vielstundentakt ein Auto begegnen, ich glaubte, in dieser Welt allein zu sein.

Inzwischen habe ich die Einmündung des »Dempster Highway« passiert, jener Piste, die in die Eskimosiedlung Inuvik führt. Jetzt nähere ich mich bereits dem Stewart River, und noch immer verwöhnt mich das Wetter. Was ich freilich nicht ahne: Die Himmelsgötter haben sich ihr Opfer längst ausgesucht.

Ein Blockhaus! Entlang dieser einsamen Strecke wird so ein Stückchen Zivilisation zur »Stecknadel im Heuhaufen«. Dieses hier hat sogar die Funktion eines »Cafés« (was immer man sich darunter vorstellen mag). Erwartungsvoll öffne ich die Tür. Meine erste Reaktion ist Staunen. Der Raum hat große Ähnlichkeit mit einem Heimatmuseum. Vom Whiskyfaß in einer Ecke über die Sammlung von alten Fallen bis hin zur »City Queen«, einem Prunkstück von eisernem Ofen, besteht das Interieur dieser Hütte aus Antiquitäten. Sogar ein Stück »Made in Germany« befindet sich darunter: eine betagte »Singer-Nähmaschine«. Den Verzierungen an den Schubkästen nach zu urteilen, stammt sie aus der Zeit um die Jahrhundertwende. So etwas in der Wildnis Yukons – da kann man annehmen, daß auf diesem Stück früher so manche zerrissene Goldgräberklamotte wieder zusammengenäht wurde.

Zur Originalität dieses »Cafés« gehört auch die »Position« des Telefons. Es hängt vor der Hütte, in einer Fichte. Gut sechs Meter lang ist die Leiter, über welche der Fernsprecher zu erreichen ist. Mit diesem Not-Telefon, so erfahre ich vom Besitzer, hätten, als es noch in normaler Höhe montiert war, wiederholt Bären gespielt; jetzt dagegen sei es vor den »Blacks and Browns« sicher.

Ich bin in einem günstigen Augenblick hereingeschneit. Der Mann hat gerade frisches Weißbrot gebacken, »Wiener Typ«, wie

»Bärensicheres« Telefon

er betont. Wer könnte ein solches Angebot ausschlagen, besonders dann, wenn die Speisekarte ansonsten meist nur aus Müsli, Erdnußbutter und selbstgesammelten Pilzen besteht? Mit vollem Bauch und zweien dieser »Zöpfe« im Gepäck radle ich weiter – rundum zufrieden.

Wieder steht mein Zelt in der Nähe eines »Bilderbuch-Sees«: kein Boot, kein Angler, schon gar kein Surfer – nur die ruhige, silberblaue Wasserfläche, in der sich die Wälder spiegeln. Naturgenuß pur! Dieser Tag hatte ungewöhnlich still begonnen. Kein Vogel piepste, kein Squirrel keckerte. Beim Öffnen des Zeltes spritzten Eiskristalle aus den Zähnen des Reißverschlusses: der erste Nachtfrost. Er war der Grund für das Schweigen der Natur. Als ich am Lagerfeuer sitze, meldet sich in mir wieder die Skepsis: Hatte ich mich doch verkalkuliert, die Tour zu großspurig abgesteckt? Frost bereits Ende August, wie wollte ich da später den Rückweg von Süd-Alaska nach Norden schaffen? Aber mit den ersten wärmenden Sonnenstrahlen kommt wieder Leben in die Wälder; sie verscheuchen auch meine trüben Gedanken. Die Natur Yukons nimmt mich erneut gefangen.

Der Frost hat die ersten Gelb- und Rottöne aufflammen lassen. Die Landschaft beginnt zu »brennen«: Indian Summer wie auf einer Ansichtskarte.

Der Rad-Computer zeigt 250 Kilometer (seit Dawson), als ich den Pelly River erreiche. Obwohl ich bisher gut vorangekommen bin, bin ich in meinem Zeitplan weiter zurückgefallen. Die Tage sind schon zu kurz, als daß man sie voll nutzen könnte. Außerdem kosten mich die Nachtfröste Zeit, denn allmorgendlich muß ich zunächst das Zelt abtauen. So ist es eine Art Fatalismus, die mein Denken bestimmt. »Wo dir schon eine ganze Woche fehlt«, sage ich mir, »da kommt es auf eine weitere Verspätung auch nicht mehr an.«

In der Versorgungsstation »Pelly Crossing« fülle ich meinen Lebensmittelvorrat auf und nutze das Angebot des Tages: Lachs, frisch aus dem Rauch. Ich esse bis zur Völlerei, denn auf die Mitnahme von diesem Fisch möchte ich aus Sicherheitsgründen verzichten. Der Geruch lockt meilenweit Bären an.

Als ich zu meinem Rad, das am Straßenrand steht, zurückkehre, haben sich dort zwei Indianer eingefunden. Sie müssen von irgendwoher aus dem Busch gekommen sein. Der ältere der beiden spricht mich an: »Your bike – no motor!« Als Antwort deute ich auf meine Beine: »This is my motor!« Die zwei umkreisen das Rad und kommentieren es. Da sie sich in ihrer Sprache unterhalten, verstehe ich nichts, aber ihre Gesten besagen: »Ein komisches Ding!« Als ich mit einem Gruß weiterfahre, drückt ihr zaghaftes Handheben noch immer die Zweifel aus, die sie haben. Ihnen war wohl zum ersten Mal ein »Push bike« begegnet.

Laut Karte müßte ich bald wieder den Yukon River erreichen; und schon wenige Stunden später ist es soweit. Nun wird mich der große Strom ein ganzes Stück begleiten. Weit entfernt sind einige Dächer auszumachen; das müßte »Minto« sein, eine alte Dampfer-Station. Das Straßen-Log vermerkt dazu kurz: »Abandoned!« (Aufgegeben). Welche Szenen mögen sich dort unten abgespielt haben, als im Winter 1898 der Yukon überraschend früh zufror! Dutzende Stern-Wheeler saßen fest; die Goldsucher im Klondike-Gebiet warteten vergeblich auf Nachschubgüter. Man spricht von 9000, die damals verhungerten und erfroren. Ich bin mit meinen Gedanken wieder in der Vergangenheit.

Jetzt ist es der Fluß, der mich aufhält. Immer wieder stoppe ich und gehe durch den Wald bis zu dem Geländeabbruch, unterhalb welchem der Yukon fließt. Dort genieße ich Ausblicke, die mich für viele Mühen entschädigen.

»Yukon Gardens«: ein anderer Flußabschnitt. Wieder sitze ich und schaue. Hier hat sich der Strom über die Jahrtausende tief ins Gletschergeschiebe eingegraben. Ein Stück weiter nördlich teilt er sich, »umarmt« eine kleine Flotte Inseln und findet sich wieder. »There is the Land. Have you seen it?...« Robert Service hatte recht: Man mußte dieses Land erlebt haben, um es lieben zu können – oder es zu verfluchen.

Noch zwei weitere »Highlights« passiere ich auf den nächsten Kilometern: die »Five Finger Rapids«, jene Stromschnellen, die so vielen Booten zum Verhängnis wurden – und »Eagle's Nest«, eine Steilwand, die den Yukon jäh nach Westen abdrängt. Hier hatte ein Passagier versehentlich in die Schiffsladung geschossen. Die Kugel traf ein Faß Dynamit; der ganze Schaufelrad-Dampfer

Ein Ort zum Träumen: die »Yukon-Gärten«

flog in die Luft. Ich muß mich von diesem Strom losreißen; denn es gilt weiterzukommen. Der Blick auf die Karte ist nicht gerade ermutigend. Am »Willow Creek« waren es noch 800 Kilometer bis zum Alcan gewesen, bei »Pelly Crossing« noch etwa 700; zwar hatte ich inzwischen ein weiteres gutes Stück geschafft, doch die verbliebene Distanz entsprach noch immer der Luftlinie Frankfurt–Genua. Dabei habe ich längst keinen Asphalt mehr unter den Rädern; denn mit Verlassen des Klondike Highway endete dieser Komfort. Nun befuhr ich den »Campbell«. Diese »Piste« folgt dem Weg, den die ersten Trapper nahmen, als sie im Yukon aufkreuzten. Aber sie – und später die Männer der Hudson Bay Company – hatten es wohl ungleich schwerer als ich, denn noch rollt mein Rad über festgefahrenen Lehm – Steinen und Schlaglöchern kann man ausweichen...

Ein Donnerschlag reißt mich aus meinen Gedanken. Am sonst blauen Himmel sind nur ein paar dunkle Wolken zu sehen. Wer konnte ahnen, daß eine von ihnen die Keimzelle eines Gewitters war? Ächzend verbeugen sich die Bäume, als eine harte Böe in ihre Wipfel fährt. Ich sehe den »grauen Vorhang« kommen, aber mir bleibt keine Zeit mehr, um in die Regensachen zu schlüpfen. Doch was ich für einen Gewitterguß hielt, »hüpft« weißperlig auf mich zu. Mit ein paar Sprüngen suche ich Schutz unter einer Fichte. Was jetzt niederrauscht, ist kein Regen – sondern Hagel mit murmelgroßen Eiskörnern. So etwas schmerzt wie Steinwürfe. Der Spuk dauert nur wenige Minuten, dann gibt sich die Natur wieder freundlich. Aber ein Blick zu den Anvil Mountains warnt mich vor; dort im Osten braut sich etwas zusammen.

Inzwischen leuchten nicht mehr einzelne bunte Flecken in der Landschaft. Der Frost hat regelrecht »Feuer« in die Wälder Yukons gelegt. Ich durchradle ein »Flammenmeer«, und vor Begeisterung vergesse ich mitunter Zeit und Ziel. So groß ist die Faszination, die von dieser Natur ausgeht, daß ich »Wanderstunden« einlege; die Radtour wird zur »Fotopirsch«.

Vögel und Eichhörnchen haben den Menschen hier noch nicht als Feind kennengelernt; selbst die sonst so scheuen Schneehühner recken beim Anblick des »fremden Wesens« den Hals. Sie lassen sich auf Meter-Distanz fotografieren. Gerade habe ich einen fossilen Knochen ausgegraben – er ragte an einem Geländeabbruch aus dem Geschiebe –, als ich fast über ein totes Tier stolpere. Es ist ein Stachelschwein. Sein Kopf ist blutverkrustet, das linke Vorderbein hängt nur noch an einem Hautfetzen. *So* konnte nur ein Bär zubeißen. Doch die Bewehrung des Tieres hatte ihm wohl den Appetit verdorben. Beim Anblick des Opfers wird mir schlagartig bewußt, daß ich das Problem »Bär« nahezu vergessen hatte. Mir ist wieder klar: »Du bist in Grizzly-Land!«

Ich habe einen weiten Bogen geschlagen. Das Gelände ist in diesem Bereich offen und gut einsehbar. Sandbänke verraten, daß manchmal Schmelzwasser den Busch durchziehen. Dieses Mal ist es kein totgebissenes Stachelschwein, das mich alarmiert: Ich stehe vor einer frischen Fährte. Deutlich sind die Krallenabdrücke zu sehen, die Sandkante im Ballenbereich ist noch dunkel-feucht. Unwillkürlich greife ich nach der Trillerpfeife. Sofort Lärm machen – oder erst zurückziehen? Ich entscheide mich für beides. Wieder bei meinem Fahrrad, nehme ich mir vor: »Die nächste Fotopirsch ›hat Zeit‹!«

An diesem Abend wähle ich den Platz für das Zelt besonders

sorgfältig aus. Unmittelbar vor dem Eingang bricht das Gelände steil ab. Zu beiden Seiten stehen Bäume – gleich Palisaden. In den noch offenen Zugang postiere ich mein Rad – als »Alarmanlage«. Wollte ein Bär zum Zelt, so mußte er es zwangsläufig umstoßen. Beim Anblick dieser »Burg« muß ich über mich selbst lächeln; meine Psyche hatte diese Festung gebaut. Noch im Morgengrauen weckt mich lautes Gezetere. Squirrels haben meinen in einer Birke hängenden Verpflegungsbeutel entdeckt. Voller Futterneid jagen sie sich gegenseitig. Glück für mich: Denn ein einzelnes Tier hätte sich durch den Stoff gefressen und in meinen Vorräten gehaust. Als ich mit Aststücken nach ihnen werfe, flüchten sie und beschimpfen mich aus sicherer Distanz.

Diese Nacht war frostfrei geblieben; statt dessen hatte es geregnet. Zwar ist der Lehmbelag der Piste noch nicht aufgequollen, aber das Rad rollt nur widerwillig. Später muß ich dann immer häufiger das Messer als Schaber einsetzen. Unter diesen Bedingungen dürfte ich mein heutiges Etappenziel ebenfalls nicht erreichen.

Der »Robert Campbell Highway« gehört zu den einsamsten Straßen Kanadas. Waren mir auf dem »Klondike« pro Tag wenigstens eine Handvoll Wagen begegnet, so erlebe ich auf dieser Strecke durchaus autofreie Tage. Wer nach Dawson City wollte, der fuhr über den Alaska Highway und nahm die Abzweigung bei Whitehorse. So hatte er stets Asphalt unter den Rädern, und das Service-Netz war dichter. Hier, auf dem »Campbell«, erwarteten ihn dagegen nur Lehm, Steine – und auf 600 Kilometern ganze zwei Tankstellen. Doch heute begegnen mir binnen einer Stunde gleich zwei Fahrzeuge. Das erste ist ein Wagen der »Royal Canadian Mountain Police«. Der Ranger stoppt neben mir und erkundigt sich nach meinem letzten Lagerplatz; er will es genau wissen. Nadelstreu, betont er, brenne unterirdisch weiter, um nach Tagen zum Oberflächenbrand zu werden. Doch ich kann ihn beruhigen: »Herde für Waldbrände« lege ich nicht. Von ihm auf das Problem »Bären« angesprochen, erwähne ich das totgebissene Stachelschwein und die Fährte. Er nickt: »Be careful! You are in bearcountry!« Dann deutet er auf die Kordel an meinem Hals, an deren Ende er wohl die Trillerpfeife vermutet: »That's not bad!«

Ohne Menschenscheu: Bodenhörnchen (Squirrel)

Begegnung auf einsamer Piste: Karibus

Doch das süffisante Lächeln dazu verrät seine Gedanken: »Ziemlich verrückter Typ – mit einem Fahrrad über den ›Campbell‹...«
Noch ein angedeuteter Gruß, dann setzt der Ranger seine Patrouillen-Fahrt fort. Das Motorengeräusch des Wagens ist noch nicht verklungen, als sich ein zweites nähert. Eigentlich ist es nur ein rhythmisches Hupen, das ich wahrnehme; es übertönt den Motor. »Seltsam«, denke ich, »so viel Wild begegnete einem auf dieser Straße nicht, daß man »Dauerton« geben mußte; das klang ja, als wollte der Fahrer eine ganze Herde Karibus verscheu-

chen!« Dann sehe ich das Auto; es ist ein grauer Kübelwagen. Für mich ist es ganz selbstverständlich, daß der Fahrer anhalten würde. Auf so einsamer Strecke fragt jeder jeden: »Alles okay? Brauchst du was?« Fast zu spät erkenne ich, daß dieser gar nicht daran denkt, zu stoppen. Um mich vor dem Steinschlag der Reifen zu schützen, springe ich ab und ducke mich hinter dem Rad. Am Steuer hatte gar kein Mensch gesessen, sondern eine Art Schaufensterpuppe. So jedenfalls wirkte es. Eine ihrer Arme führte – wie von einer Mechanik angetrieben – jene hammerartige Bewegung aus, mit der Autofahrer auf die Hupe schlagen. In hölzerner Haltung wie ein Automat und mit starrem Blick war der Mann an mir vorbeigebraust. Kein Zweifel: Wenn hier nicht Drugs oder Alkohol im Spiel waren, so war mir soeben ein »Opfer der Einsamkeit« begegnet. Wenn er diese Geschwindigkeit beibehielt, würde er den Ranger bald einholen. Der erkannte sicher das Problem und startete über Funk irgendeine Aktion. Vielleicht erwartete den Fahrer dann schon an der nächsten Tankstelle ein »fliegender Arzt«. Der Wagen ist längst außer Sichtweite, aber noch immer klingt das rhythmische Hupen durch den Wald.

An diesem Tag wartet noch eine weitere seltsame Begegnung auf mich: die mit einem Kolkraben. Der Vogel hatte auf einem abgestorbenen Baum gesessen und sich bei meiner Annäherung zunächst durch lautes Krächzen bemerkbar gemacht. Dann flog er auf und umkreiste mich mehrmals. Jetzt folgt er mir! Radle ich ihm zu langsam, dann fliegt er ein Stück voraus, kehrt aber bald wieder um und begleitet mich erneut. Wir »verständigen« uns durch Zurufe. Ahme ich das »Kroa, Kroa!« des Raben nach, so antwortet er mir sofort. Der Vogel leistet mir viele Kilometer Gesellschaft, dann hat er wohl seine Reviergrenze erreicht. Mit ein paar possenhaften Flugmanövern » verabschiedet« er sich und fliegt dann zurück in die Richtung, aus der wir beide gekommen sind. Als es dunkelt, endet für mich wieder ein Tag mit Erlebnissen, wie man sie wohl nur auf solch einsamen Strecken haben kann.

Das Wetter schlägt Kapriolen: Nachtfrost, Gewitter, Hagel, Regenschauer. Jetzt dagegen ist es so warm, daß ich zum ersten Mal ohne Windjacke fahren kann. Nur im Norden, zwischen

»Mount Mye« und »Traffic Mountain«, liegt eine dunkle Wolkenfront, jene, die schon vor Tagen hinter der Anvil Range gelauert hat. Mein »Yukon-Sommer« hält bis in die Nachmittagsstunden an, dann beendet ihn ein kräftiger Regenguß.

Es gibt Wolken, die sind von drohendem Grau; doch was jetzt heranzog, das war pechschwarz. Ein letzter Sonnenstrahl läßt das Wasser des Finlayson Lake noch einmal silbern aufleuchten, dann wird der Tag fast zur Nacht.

Ich habe vorgesorgt: Am Gepäck ist der Regenschutz festgezurrt; die Kamera-Ausrüstung ist wasserdicht verpackt. Das Unwetter »sehe« und »höre« ich kommen. Bäume und Sträucher verneigen sich; dann mischt sich in das Rauschen des Windes ein Ton, wie ihn auslaufende Wellen erzeugen: Hagel! Es ist ein grotesker Anblick: buntes Herbstlaub über glasigem Eis. Ich halte, ziehe die Ärmel der Regenjacke bis zu den Fingerspitzen herab und biete dem Wetter den Rücken. Der Hagel geht bald in Graupel über, diesem folgt Regen, endloser Regen. Ich schiebe das Rad. Fahren erscheint mir sinnlos. Als ich einmal zurückschaue und meine eigene Spur sehe, die das einzige ist, was hier auf die Anwesenheit eines Menschen deutet, macht mir dies meine Situation besonders bewußt: »Du befindest dich in der Einsamkeit Yukons inmitten eines Unwetters!«

Der Lehm wird immer schmieriger. Neige ich das Rad beim Schieben etwas zuviel – schon rutscht es weg. Versuche ich es wieder aufzurichten, komme ich ins Gleiten. Vielleicht eine Stunde halte ich diesen Balanceakt durch, dann gebe ich resignierend auf. Um einen annehmbaren Platz für das Zelt zu finden, muß ich mich ein ganzes Stück von der Straße entfernen. Aber der bringt das bekannte Problem: Wo kein steiniger Grund ist, liegt Bruchholz, kniehoch überwuchert.

Da hocke ich nun, durch eine Lage Stoff gegen die Unbill des Wetters geschützt, und ziehe Bilanz: »Wie viele Tage hatte ich bereits verloren? Wie viele Kilometer lag ich schon zurück? Regnete es sich jetzt ein, für wie lange reichte dann meine Verpflegung?

Das letzte Problem erschien mir noch lösbar. Hier in den Wäldern wuchs eine Unmenge eßbarer Pilze, dazu gab es Heidelbeeren, kanadischen Hartriegel, und auch die Sträucher der Cranberry[26] und Kinnikinnick[27] waren schwer vor Früchten. Mit Sammeln konnte ich also meinen Lebensmittelvorrat erheblich strecken.

Am nächsten Morgen regnet es noch immer, auch am folgenden Tag. Während eines Probegangs auf der Trasse stelle ich fest: Es ist das Chaos. Nur ein paar Schritte, und an den Stiefeln klebt pfundweise Lehm. An ein Weiterkommen ist unter diesen Bedingungen gar nicht zu denken.

Ich liege den dritten Tag fest. Zwar hat es sich inzwischen ausgeregnet, aber die Straße braucht noch lange, um wieder zu übertrocknen. In Gedanken markiere ich den Punkt, wo ich mich laut Plan befinden müßte: Es ist das nordwestliche Britisch-Kolumbien.

Der vierte Tag! Zum Frühstück esse ich die letzte Scheibe Brot, den letzten Löffel Erdnußbutter. Ich kaue sie ganz vorsichtig. Nur noch eine Handvoll Müsli ist übrig, in Regenwasser gequollen – das wird mein »Mittags-Menü«. Was mir dann noch blieb, war eine Notration Schokolade. Von nun an *mußte* ich von der Natur leben.

Allmählich wird es wieder Indian Summer im Yukon. Und dann scheint erneut die Sonne, als sei nichts gewesen. Etwa 250 Kilometer sind es noch bis nach Watson Lake. Ich baue mein Lager ab und beginne diesen Tag mit einem Fußmarsch. Es ist ein »Eingewöhnen« nach langer Zwangspause.

Mir hätten die bisherigen Erlebnisse auf diesem Campbell Highway durchaus gereicht, aber bei einer so langen Reststrecke konnten weitere Überraschungen gar nicht ausbleiben.

Eine Kurve hatte mir die Sicht genommen; deshalb sehe ich den Bären viel zu spät. »Regungslos stehenbleiben!« so lautet der Lehrsatz für einen solchen Fall – graue Theorie, wenn man sich auf einem rollenden Rad befindet. Wie sollte ich 120 Kilogramm – noch dazu bergab – plötzlich zum Stehen kriegen? So »erstarre« ich zwar, aber nur vor Schreck – und das Rad rollt... Der Bär vor mir hat die Straße bereits halb überquert, als er mich wahrnimmt. Er bleibt stehen, wendet den Kopf. Was innerhalb der nächsten Minute geschieht, wäre reif für einen Filmspot.

Kontraste: die Kochstelle eines Radlers oder: Buschleben »pur«

Meine Muskeln sind vor Schreck zwar steif wie Holz, aber das Gehirn arbeitet. Nicht durch Lenken, sondern durch eine Schräglage des Körpers verändere ich die Laufrichtung des Rades. Als gälte es, einen ganz bestimmten Fluchtbaum zu erreichen, rollt es wie von selbst in Richtung Waldrand. Aber nur noch Sekunden, dann kommt die unbefestigte Schulter der Trasse – und damit der für mich unabwendbare Sturz. Aus den Augenwinkeln sehe ich, daß der Bär sich aufrichtet, im gleichen Moment »bockt« das Rad wie ein Pferd vor dem Wassergraben, und ich steige ähnlich ab wie sein Reiter: nach vorn über die Lenkgabel. Ein Chaos von Gedanken jagt in diesen Sekunden durch meinen Kopf; und als ich wieder auf die Beine komme, will ich zunächst gar nicht begreifen, was meine Augen sehen. Der Bär mußte von dem auf ihn zurollenden Etwas so irritiert gewesen sein, daß er selbst zu flüchten versuchte; aber das mißlang ihm. Unmittelbar

Liebenswerte Landschaft im Yukon

am gegenüberliegenden Straßenrand beginnen die Ausläufer der Berge; die Hänge sind so steil, daß man kraxeln müßte, um hinaufzukommen. Und eben daran scheiterte der Bär. Jetzt rutscht er auf allen vieren ein Stück zurück; dann versucht er es wieder. Mit den Vordertatzen »greifend«, mit den Hinterbeinen »sich stemmend«, schafft er es schließlich doch. Aber was für ein Anblick: ein Muskelprotz und doch so hilflos!

Ich habe mit Begegnungen dieser Art gerechnet. Daß die erste so tragikomisch ausgeht, macht mir förmlich Mut. Der Gedanke: »Du hast einen Bären ›verscheucht‹«, bewirkt einen Schub Selbstbewußtsein. Der »Braune« ist inzwischen verschwunden. Wahrscheinlich war er auf dem Weg hinunter zum Fluß, als ich ihn so überraschte. Mein Rad! Eine angebrochene Gabel fehlte mir jetzt noch, das wäre Pech im Glück! Aber wie ich es überprüfe, zeigt sich: Es hat auch diesen Sturz unbeschadet überstanden.

Ich sitze wieder im Sattel – vielleicht ein bißchen zu steif für echte Gelassenheit; da hallt in meinem Inneren wohl doch das eben Erlebte nach.

Karges, felsiges Gelände im Yukon

Wann war mir eigentlich der letzte Autofahrer begegnet? Der Regen ließ sie diese Straße erst recht meiden. Einmal hatte ich mit dem Gedanken gespielt, mein Rad am Rand der Trasse zu postieren – als Signal: »Hier im Busch ist jemand!« Doch dann waren mir Bedenken gekommen. Ein so angelockter Besucher mußte nicht unbedingt ein Samariter sein; ich konnte Pech haben.

Es sind wieder zwei Indianer, die ich nach der langen Einsamkeit treffe. Sie stehen am Straßenrand und schauen mir entgegen. Ich stoppe, grüße. Beide antworten mit Kopfnicken. Nach einem abschätzenden Blick tritt der eine etwas vor und fragt in hartem Englisch: »How old are you?« Als ich ihm mein Alter nenne, gibt er mir spontan die Hand. Ich bin nicht nur verblüfft über diese Geste, sondern auch über den verdammt kräftigen Händedruck. Jeder Indianer mußte einen solchen selbst als »Aggression« deuten;[28] daß dann die beiden ohne ein weiteres Wort wieder im Busch verschwinden, macht diese Begegnung für mich noch rätselhafter.

Ich habe Pilze und Beeren gesammelt. Dabei erwischte ich mich in einer »Alarmstimmung« wie selten zuvor. Was eine Begegnung mit einem Bären doch bewirkt! Jetzt sieht es ganz danach aus, als drohe mir weiterer psychischer Verschleiß. Warum der Lehm auf diesem Straßenabschnitt klebriger denn je ist, begreife ich nicht. Ich versuche es mit stoischer Ruhe: zehn Schritte gehen, dann ein paar Schnitte mit dem Messer; die nächsten zehn Schritte. Fassungslos betrachte ich mein Rad. Selbst zwischen den Packtaschen sitzen Lehmpakete. So schlimm war es noch nie! Ich mühe mich schrittweise voran und atme erleichtert auf, als die Straße wieder ansteigt und damit auf härteren Grund kommt. Am Abend stelle ich dann bei einem Blick auf den Computer fest: »Du hast nur die Hälfte deines Solls geschafft.«

Vor dem Zelt wartet am nächsten Morgen ein richtiger Sonnentag; beim Anblick des wolkenlosen Himmels gerate ich sofort in Aufbruchstimmung. Meinen knurrenden Magen beruhige ich: »Du mußt noch bis Watson Lake warten, bis dahin friß Waldbeeren!« Wieder auf Strecke, höre ich das seltsame Geräusch bereits in den frühen Vormittagsstunden; und es verstärkt sich, je höher die Sonne steigt. Ähnlich wie in der Nacht am Yukon, als drüben in Dawson die Huskys heulten, so wünsche ich mir auch jetzt einen Tonträger. Was hier nämlich – gleich feinen Kastagnetten-Tönen – aus den Wäldern klingt, das ist das »Konzert der Zapfen«. Millionen von ihnen öffnen, in der Sonne abtrocknend, gleichzeitig mit leisem Knacken ihre Schuppen.

Dieses ungewöhnlich akustische Erlebnis nimmt mich so gefangen, daß ich das Auto, welches sich von rückwärts nähert, recht spät wahrnehme. Ich drehe mich nach ihm um; es ist ein flacher, dunkler Straßenkreuzer – eigentlich kein Gefährt für eine solche Piste. »Sicherlich wird er halten«, denke ich, »und vielleicht spendiert man dir etwas.« Doch wenig später ist mir klar: Auf diese Begegnung hätte ich lieber verzichtet.

Der Fahrer des Wagens scheint es nicht besonders eilig zu haben; oder er nimmt Rücksicht auf die geringe Bodenfreiheit. Dann höre ich hinter mir, wie er zurückschaltet. Ich drehe mich kurz um: Es könnte ein Mercury sein; er ist mit drei Männern besetzt. Doch nun geschieht etwas Verdächtiges: Der Wagen überholt nicht, er paßt seine Geschwindigkeit der meinen an.

Eine solche »Verfolgung« *muß* beunruhigen! In meinem Kopf beginnt es zu arbeiten: »Vielleicht erlauben die sich einen Scherz mit dir, die wollen dir ein bißchen angst machen«, versuche ich das verdächtige Verhalten der Mercury-Männer zu deuten; doch gleichzeitig warnt mich eine innere Stimme: »Die drei schätzen dich ab! Die wissen, daß meilenweit kein anderer Mensch in der Nähe ist! Du hast Bargeld bei dir; deine Kamera bringt gut 1000 Dollar; selbst deine Papiere können von Interesse sein.«

Es ist ein seltsamer Anblick, der sich da am Fuße der Campbell Range einem Betrachter böte: ein Radler auf einsamster Strecke – gefolgt von einem Straßenkreuzer. Aber egal, was passiert – dieses Spiel muß beendet werden. Ich bremse, steige ab. Nun schließt der Wagen auf; er fährt so nahe heran, daß ich nur den Beifahrer sehe. Er hat das Seitenfenster heruntergekurbelt; ein Mund voller Platinzähne öffnet sich: »You wanna lift?« Es ist nicht nur das bisherige blöde Verhalten der Männer, es ist auch diese Visage, die mich unhöflich knapp antworten läßt: »No!« Ich müßte mich schon in einer akuten Notlage befinden, um von solchen Typen ein Hilfsangebot anzunehmen. Wieder sehe ich dieses metallische Gebiß: »He is too proud!« Er ist zu stolz! Die Worte sind an die beiden anderen gerichtet. Jetzt gibt der Fahrer Gas. Langsam schiebt sich der Wagen vorbei. Ich versuche das Nummernschild zu erkennen, aber es ist völlig verdreckt; selbst die Farbe des Autos, es ist schwarz, schimmert nur noch auf dem Dach durch. Wie sich der Wagen nun entfernt, atme ich auf: Was für ein dummer Scherz! Doch das Nervenspiel hat erst begonnen. Ein paar hundert Meter weiter hält das Auto wieder. Der Fahrer lenkt es zum äußersten linken Straßenrand und setzt dann zurück. Jetzt steht der Wagen quer: eine totale Blockade. Es ist keine Panik, die mich befällt, aber die Gedanken jagen einander: »Rad hinwerfen, in den Wald laufen! Gegen die drei hast du keine Chance! Die sind doch bewaffnet! Nur im Busch bist du schneller!« Ich habe den Fluchtplan noch nicht zu Ende gedacht, da setzt sich der Mercury wieder in Bewegung; er wendet vollständig und kommt in meine Richtung zurück. »Nur nichts anmerken lassen!« hämmert es in meinem Kopf. »Nur keine Angst zeigen!« Voller nervlicher Anspannung radle ich dem Wagen entgegen.

Für die drei Typen scheine ich auf einmal gar nicht mehr zu existieren; sie passieren mich, ohne auch nur herüberzuschauen. Es ist, als könnte ich den Alarm abblasen.

Ein Geräusch hinter mir wischt diese Hoffnung jäh beiseite. Deutlich ist zu hören, wie der Fahrer nach dem Abbremsen rangiert. Wendet er schon wieder?

Was für ein perfides Spiel! Wie zu Beginn habe ich nun den Mercury erneut an den Fersen. Dem Motorengeräusch nach zu urteilen, folgt er mir in etwa zehn Metern Entfernung. Irgendwie bin ich hilflos. Ich radle... und radle. Käme doch nur ein Wagen aus Richtung Watson Lake, vielleicht gar eine Patrouille der RCMP[29] – und dieser Spuk wäre zu Ende. Aber ich hoffe vergeblich.

Dann höre ich ihn kommen! Der Fahrer des Mercury hat plötzlich Gas gegeben. Ein Gedanke flammt auf: »Jetzt rammt er dich von hinten!« Aber schon zieht er vorbei! Die durchdrehenden Räder wirbeln Dreck und Steine hoch; mir ist, als habe der Fahrer auf meinen linken Ellbogen gezielt. Und es erscheint eher als Zufall, daß mich der schlingernde Wagen nicht umstößt. Mit hoher Geschwindigkeit entfernt er sich nun; geringe Bodenfreiheit und schlechter Zustand der Piste scheint den dreien auf einmal egal zu sein. Ich schicke ihnen eine Serie Flüche nach. Auf *so* üble Art hatte man mich noch nie gefoppt. Sie mußten sich beim Anblick des einsamen Radlers dieses »Spiel« ausgedacht haben: »Platin Face« und die beiden anderen. Wie gerne hetzte ich ihnen ein Fahrzeug der Mountain Police auf den Hals! Es dauert lange, bis die Natur meine Nerven wieder glättet. Die Lehm-Etappen, der Bär, die Einsamkeit..., nun dieses Erlebnis. Der Druck auf die Psyche hatte sich summiert. Als ich am Abend am Lagerfeuer sitze, fällt mir auf: Es ist ein wenig groß geraten. Denn ein Feuer, so glaubt man, hält Gefahren fern.

Nur Waldbeeren und etwas Schokolade – das ist keine Grundlage für schwere Muskelarbeit. Doch ich muß das Rad vorwärtsbringen. Auf einer meiner Karten ist ein kleiner Kreis markiert: die Siedlung Tuchitua. Ein Bluff – denn von ihr ist nichts zu sehen. Doch auch Watson Lake war jetzt nicht mehr weit. Ich befinde mich bereits auf der »Zielgeraden«. Nicht der verlockendste Essensgeruch vom Straßenrand könnte mich jetzt noch stoppen; ich will diesen verdammten Campbell Highway hinter mich bringen.

Und dann habe ich es geschafft! Das Laufgeräusch meines eigenen Rades klingt mir fremd: kein Knirschen mehr, kein Reiben; fast lautlos rolle ich über Asphalt. Mit einer Woche Verspätung stehe ich wieder am Alaska Highway. Hinter mir liegt der Yukon, ich hatte ihn in einer 1000-Kilometer-Diagonalen durchquert.

Zur Straße der Totems

Trotz seines Airports und der vielen Service-Angebote hat der Watson Lake für mich lediglich die Funktion einer Verpflegungs-Station. Und nach tagelanger magerer Kost aus dem Busch ist es nicht verwunderlich, daß mein Einkauf im »Grocery-Store« einer Hamsteraktion gleicht. Bei einem Blick in den Einkaufswagen könnte man meinen, ich wollte einen Präsentkorb füllen. Der Kontrast von Waldbeeren, Pilzen und Tee zu dem, was hier in den Regalen liegt, ist einfach zu groß. Weniger der Verstand ist es, der mich so zugreifen läßt, als die Psyche. »Oberländer Brot«, »Ukrainische Wurstspezialitäten«, »Dänisches Buttergebäck«: alles frisch eingeflogen. Kaum zu glauben, daß ich mich in einem Lebensmittelgeschäft bei Meile 635 am Alaska Highway befinde.

Als die Verkäuferin an der Kasse die Preise eintippt und dann auf »Summary« drückt, erscheint im Sichtfenster das »Total« von 57,16 Dollar. Die Frau muß annehmen, ich hätte für eine ganze Familie eingekauft. Und wahrscheinlich geht sie davon aus, daß draußen vor der Tür ein Geländewagen steht; denn zusammen mit dem Wechselgeld reicht sie mir einen 25-Cent-Benzingutschein. Wir bedanken uns gegenseitig: sie sich für meinen Einkauf, ich mich lächelnd für den Benzin-Bon. Wenn die Frau ahnte...

Muskeln und Material benötigen dringend eine Ruhepause. Auch den Warmwasserhahn im Waschhaus des Campingplatzes verschmähe ich dieses Mal nicht. Ich habe Verlangen nach ein bißchen »Zivilisation«.

Am nächsten Tag nehme ich mir das Rad vor. Es ist ein einziges »Dreckstück«. Um es von dem inzwischen betonhart angetrockneten Lehm zu befreien, muß ich das Fahrtenmesser als Stemmeisen einsetzen. Bröckchenweise schlage ich die graue Masse von Schutzblechen, Rahmen und Felgen los. Dann wird das Rad generalüberholt: Schrauben haben sich gelöst, die Kette ist gelängt, die Speichen haben ihre Spannung verloren. Einen ganzen Tag beschäftige ich mich mit meinem Drahtesel; über einen Mangel an Zuschauern kann ich mich dabei nicht beklagen. Ungewollt werde ich zum Mittelpunkt des Campingplatzes – mehrfach auch »Objekt« für irgendein Fotoalbum.

Watson Lake ist einer der wenigen Orte am Alaska Highway, der etwas Geschichte hat. In dem alten Straßenbauer-Camp findet man noch Zeugen aus der Vergangenheit. Auch das »Theater der Pioniere«, ein scheunenartiger Holzbau, hat die Jahre überlebt. Nun aber verrät das Schild »For Sale«: Dieses betagte Stück sucht einen Käufer. Ob sich wohl ein Interessent finden wird? Die eigentliche Attraktion des Ortes ist jedoch die sogenannte »Sign Post«, ein Schilderwald, den Besucher aus aller Welt hier am Rand des Alaska Highway »gepflanzt« haben. Begonnen hatte es mit der Aktion eines heimwehkranken Soldaten; er gehörte zu den Tausendschaften, die die Trasse des Alcan durch Wälder, Moore und über Berge vorantrieben. Irgendwann stellte dieser Soldat ein Schild auf; es zeigte die Entfernung zu seinem Heimatort, der weit im Süden lag. Der Pionier fand bald Nachahmer, inzwischen auch abenteuerhungrige Touristen, die sich den Traum von einer Alaska-Reise erfüllt haben. Jetzt stehen hier schon um die 7000 blecherne Zeugen, und es werden immer mehr: eine wahre »Sammlung der Sehnsucht«. Ich mache einen Rundgang: Es gibt keineswegs nur Schilder zu bestaunen. Irgendwer hat sich mit einem Bettgestell verewigt, ein anderer mit einem Ofen, ein dritter mit einem kleinen Ölgemälde. Neugierig geworden, nehme ich mir diese »Watson Lake Sign Post« noch genauer vor: Mancher hat lediglich eine Cola-Dose gespendet; andere opferten Persönliches: Bekleidungsstücke. Bob und Julie aus

New Mexico hinterließen ein mit ihrer Anschrift versehenes Backblech; der österreichische »Club Canada« hatte nur einen Plastik-Teller übrig; Ursula und Marcle aus Urikon nagelten einen Keksdosendeckel mit dem Rezept für »Baseler Leckerli« an die Pfosten; ja selbst ein »signierter« Knochen findet sich in der Sammlung. Nach langem Schauen entdeckte ich sogar ein Stück deutsche Volkskunst: Drei Bayern aus dem Raum München hatten einen handgemalten Holzteller im Gepäck – wohl extra für diese »Sign Post«. Seit heute gibt es hier nun ein weiteres »Besuchs-Dokument«, ein Honigglas mit einem Grußzettel. Die Worte darauf sind an »alle Pedalisten« gerichtet, die diesen Punkt am Alaska Highway noch passieren werden – wie viele mögen es sein?

»If you managed the Taylor, then the ›Cassiar‹ will be no problem for you!« Wenn du den Taylor geschafft hast, dann wird der Cassiar kein Problem für dich werden! Das verspricht mir der Tankwart, mit dem ich mich über meine Tour und die nächsten Etappen unterhalte. Aber er fügte auch hinzu: »But be careful, because of the haulers!« Er meinte damit die schweren Trucks, die den Cassiar Highway befuhren. Sie transportierten den Holzeinschlag aus den Skeena Mountains zu den Sägewerken und Papierfabriken; selbst Autofahrer hatten vor diesen »Bullterriern der Straße« Respekt. Es war weniger die Größe der Sattelschlepper als die Fahrweise der Männer, die am Steuer saßen, die alle das Fürchten lehrte. Als Radler würde ich das besonders zu spüren bekommen, meinte der Tankwart. Es ist ein kühler Spätsommertag, als ich Watson Lake verlasse. Mein nächster Wendepunkt lag vor der Südspitze Alaskas: die Hafenstadt Prince Rupert. Für mich ist dies ein ähnliches Unterfangen wie die Durchquerung Yukons. Die Distanzen gleichen sich. Erst nach 750 Kilometern käme die erste Siedlung, das Indianerdorf Kitwange. Dazwischen gab es nur »Handelsposten« und »Services«, Tankstellen. Erreichte ich das Dorf, dann waren es noch weitere Tages-Etappen bis zur Küste.

Ich hatte mir in Watson Lake das Straßen-Log besorgt. Es war auf so einsamen Strecken gut zu wissen, wo man Lebensmittel nachkaufen konnte und wie weit es im Fall einer Notlage bis zum nächsten Telefon war. Was mir etwas Sorgen bereitete, das war der Zustand des »Cassiar«. Früher eine reine »Holz-Transportpiste«, war er erst teilweise ausgebaut. Schon wieder hätte ich es mit Lehm und Steinen zu tun, jetzt auch noch mit Schwerlastverkehr. Mit diesen kritischen Gedanken gehe ich auf die Strecke.

Noch ein paar Kilometer Alaska Highway, dann biege ich nach Süden ab; ein kleines Monument am Straßenrand signalisiert: »Du bist jetzt in Britisch-Kolumbien!« Ich gäbe in diesem Augenblick viel darum zu wissen, was mich auf den nächsten 1000 Kilometern erwartet. Nur eines ist sicher: Mein Tagebuch wird sich wieder um viele Seiten füllen.

Ich bin mit meinen Gedanken bereits am Pazifik, als ich voraus die ersten verschneiten Gipfel erkenne: die nördlichen »Rockys«[30]. Der gewaltige, bis von Mexiko heraufreichende Gebirgszug zerfiel hier in kleinere Bergketten; doch für einen Radler waren auch diese Hindernisse noch hoch genug. Die Kulisse vor mir machte es bereits deutlich: Dort am Horizont wartete harte Muskelarbeit.

Inzwischen ist es, als habe mich der Indian Summer unbemerkt überholt. Mit seinen Herbstfarben kommt er mir nun von den Bergen herab entgegen; in seinem Gefolge hat er bereits den Schnee. Was für eine Landschaft durchradelte ich da! Über dem satten Grün der Nadelwälder leuchtet das Rot und Gelb der Plateaus. Weiße Bergspitzen krönen dieses Bild. Die Natur Britisch-Kolumbiens scheint der des Yukon Konkurrenz zu machen; und daß die Straße (wenigstens hier) noch in einem so guten Zustand ist, läßt mich das Panorama doppelt genießen.

Mein Zelt steht irgendwo am »French River«. Vor Stunden war mir der letzte Autofahrer begegnet; ähnlich wie im Yukon, komme ich mir hier vor wie ein Eremit. Vielleicht fühle ich mich beobachtet, vielleicht ist es auch nur Vorsicht, daß ich mich beim Feuermachen umdrehe: Dabei bin ich eigentlich nicht schreckhaft, und doch durchzuckt es mich. Denn hinter mir, in kaum fünf Meter Entfernung, steht jemand: ein alter Indianer. Die Gestalt würde gut in ein Wildwest-Buch passen: verschlissene Jeans, rot-schwarz kariertes Baumwollhemd, schlohweißes Haar. Ei-

Über die Piste zu neuen Hindernissen: die nördlichen »Rockys« in Britisch-Kolumbien

gentlich sind es nur die »modernen« Hosen, die diesen Indianer zu einem Stück Gegenwart machen. Das Gesicht des Alten ist so faltig wie ein überlagerter Apfel. Zu seinen Füßen steht ein Hund, eine Art Spitz; das Tier fixiert mich. Ich komme aus der Hocke hoch – halb erstaunt, halb erschrocken. So lautlos wie dieser Alte hatte sich noch nie jemand meinem Camp genähert; kein Rascheln, kein Zweigbrechen hatte ihn verraten. Trotz wochenlangen Lebens im Busch mußte ich noch vieles dazulernen. Wahrscheinlich beobachtete mich der Indianer schon eine ganze Weile. Aber noch immer staunt er mich stumm an. Eigentlich bedurfte es auch gar keiner Worte; ich befand mich wohl auf seinem Eigentum oder dem seiner Leute. Aus Unkenntnis war ich womöglich zum »Störenfried« geworden.

Mein Gruß ist eine Mischung aus Verlegenheit und Respekt, denn dieser Mann scheint mir uralt zu sein. Meine angedeutete Verbeugung beantwortet er durch stummes Handheben – schweigt aber weiter. Um ein Gespräch in Gang zu bringen, versuche ich es mit ein paar simplen Erklärungen: »My tent... My bike... I stopped for water, no fishing...!« Es geht mir darum, dem Alten klarzumachen, daß ich mein Zelt hier nur wegen des benötigten Wassers aufgeschlagen habe – keineswegs wolle ich fischen, und bereits morgen würde ich weiterfahren.

Er scheint das verstanden zu haben; jedenfalls deute ich seine großzügig wirkende Handbewegung als Einverständnis. Da er jedoch selbst überhaupt nichts sagt, nehme ich an, daß ihm die englische Sprache Schwierigkeiten bereitet. Trotzdem mache ich einen weiteren Versuch: »From Yukon River... Down to Pacific...!« Jetzt kommt Bewegung in das Gesicht des Alten. Sein zahnlückiger Mund öffnet sich; dann legt er den Kopf etwas zurück und antwortet: »Lo-o-o-ng, lo-o-o-ng way!« So gedehnt sagt er diese Worte, daß sie wie gesungen klingen. Mit ihnen beginnt eine mühsame Verständigung. Vieles, was der Indianer sagt, muß ich interpretieren; einigermaßen sicher ist nur herauszuhören, daß auch er einmal »weit weg« war – und zwar in Fort Nelson, daß seine Enkel auf Jagd in den Bergen sind und daß sie von dort einen ganzen Tag für den Rückweg bräuchten. Er deutet mit einer Hand in Richtung Wald: »Cabin!« Also stand dort drüben seine Hütte oder die der Familie. Jetzt bückt er sich zu seinem Hund und tätschelt ihn: »Happy! Happy!« Dann kreuzt er die Hände auf der Brust. War dies nun der Name des Hundes, oder bedeutete dieses »Hand aufs Herz«, daß er selbst »glücklich« war? Ich werde es nie erfahren.

Unsere Bekanntschaft endet schließlich, wie sie begonnen hatte – mit stummem Handheben und mit einer Verbeugung. Ich schaue dem Alten nach, der mit kleinen, langsamen Schritten – aber genauso lautlos, wie er gekommen war – wieder zwischen den Bäumen verschwindet. Nur sein Hund bleibt noch mehrfach stehen und blickt sich nach mir um.

Inzwischen »brennen« auch hier die tieferen Lagen im Herbstfeuer. Das Laub der Birken, Eschen und Traubenkirschen zeigt alle Farbabstufungen: vom Altgold bis zum flammenden Rot. Auf den Seen leuchtet es sogar purpurn; es sind die Blätter mir unbekannter Wasserpflanzen: Indian Summer, wie man ihn sich nicht bunter vorstellen kann. Ich durchradle diese Natur wie von ihr magisch angezogen. Die Mühe des Tretens wird mir gar nicht mehr bewußt.

Voraus fliegt eine Schar Kanada-Gänse auf. Sie streichen nach Norden ab. Wahrscheinlich suchen sich die Vögel jetzt auf einem anderen See ein »ungestörtes« Plätzchen. Ich beneide sie um ihre Freiheit. Später glaube ich auf Distanz Elche zu sehen; doch beim Näherkommen erkenne ich: Es sind Pferde. Da im Busch auch mehrere Schecken grasen, nehme ich an, daß sie Indianern gehören.

»He boy!« Der Ruf kommt vom linken Waldrand. Von dort winken einige Frauen herüber. Ich halte, grüße zurück: »Hallo!« Die Antwort ist ein lautes Kichern; dann stolpert eine von ihnen spreizbeinig auf mich zu: »He boy!« Ach Gott, betrunkene Indianerfrauen! Sofort radle ich weiter. Aus den Augenwinkeln sehe ich noch, wie die Frau strauchelt und hinschlägt. »Verdammt!« Mein Fluch gilt dem Alkoholverkäufer. Die eben erlebte Szene verdirbt mir den Naturgenuß.

Der »Cassiar« durchläuft jetzt altes Goldland; und das Schild »Canterville Goldpanning« verrät, daß hier in den Bergen noch immer »gelbes Metall« ausgewaschen wird. Ein paar Glücksritter – von ehemals vielen Tausenden – haben durchgehalten.

Es ist eher Zufall, daß ich den alten Goldwäscher sehe; gut 100 Meter von der Straße entfernt, hantiert er an etwas herum. Sofort schwenke ich zu ihm hinüber. Aber ohne zu fragen auf einen fremden Claim zu fahren, das ist mehr als unhöflich; und ich sollte das auch gleich zu spüren bekommen.

Als der Mann mich heranrollen hört, blickt er nur kurz auf und arbeitet dann weiter (er flickt gerade eine Rohrleitung). Ich grüße den mir demonstrativ zugewandten Rücken: »Hello! I saw you up from the road...« (Hallo! Ich sah dich von der Straße aus...) Aber weil der Mann sich nicht umdreht und sein gekrümmter Buckel ein deutliches »Hau ab!« signalisiert, füge ich gleich eine Entschuldigung hinzu: »Sorry, I didn't want to disturb you, but for a German goldpanning is something quite special!« (Tut mir leid, ich wollte dich nicht stören, aber für einen Deutschen ist Goldwaschen etwas Besonderes!) Vielleicht ist es das »Sorry«, das den »Prospektor« umstimmt, vielleicht hatte ihn auch das

»German« neugierig gemacht; jedenfalls richtet er sich auf, dreht sich zu mir um und schaut mich prüfend an. »Das ist ja wirklich ein Prospektor«, denke ich, wie der Mann jetzt so vor mir steht, »eine genauso zeitferne Gestalt wie jener Indianer am French River!« Der vielleicht 60jährige trägt Stiefel, eine abgewetzte Manchesterhose, ein Buschhemd und dazu einen Helm des britischen Afrika-Corps, der ihm viel zu groß ist. »Which way have you come?« Welchen Weg bist du gekommen? beginnt er mich auszufragen. Während ich ihm meine Route kurz beschreibe, erfasse ich mit einem Seitenblick das Umfeld. »Das solltest du auf den Film bekommen«, wünsche ich mir still – diese behelmte Gestalt, die alte Goldwaschanlage, die Bude mit dem Werkzeug. Ihn scheint meine Tour dagegen kaum zu beeindrucken; er quittiert die Schilderung durch »Naseputzen« – mit Daumen und Zeigefinger. Dann geht er ein paar Schritte abseits und beginnt Gestein zu sortieren. Mich läßt er »liegen« wie einen wertlosen Brocken. Trotz dieser deutlichen Sprache versuche ich es erneut: » Sorry, may I take a photo? « Erst stören und dann noch fotografieren wollen: gleich zwei Unverschämtheiten. Sein »No!« klingt so scharf, daß ich meinen Wunsch sofort einschränke: »Not from you – only from the surrounding!« (Nicht von dir, nur das Drumherum.) Sein zweites »No!« klingt genauso knapp. Schade! Warum ließ mich der Alte nicht seine Hütte und Waschanlage fotografieren; was wäre schon dabei? Doch ich begreife: Menschen, die ein solches Eremiten-Dasein führten, mußten wohl seltsam werden.

Immerhin: Er hatte mich noch nicht weggescheucht; das schon einmal erlebte »Get off! « war ausgeblieben. In bestimmten Situationen unverschämt hartnäckig, versuche ich es ein drittes Mal – jetzt mit einem kleinen Trick: Vielleicht ist das Wort »Gold« der Schlüssel? Außerdem, so kalkuliere ich, wäre ein Nugget vom »Digger von Canterville« nicht nur ein originelles Souvenir. Man kann Dollar schlechter anlegen. »Maybe you have some gold to sell just a little!« versuche ich es wieder. Das Wort »Gold« richtet den Prospektor sofort auf. Er schaut mich seltsam »prüfend « an, dann bedauert er: » Nothing at all, only some dust, not worth to tell! « Doch obwohl er angeblich außer »kaum der Rede werten« Goldstaub nichts anzubieten hat, gibt er mir nun ein Zeichen: » Komm mal mit! «

Sein Blockhaus liegt ein Stück weiter zurück. Als wir uns ihm nähern, schlagen mehrere Hunde an. Er bringt die Tiere per Befehl zum Schweigen: »Stop it!« Wie er dann die Tür der Hütte öffnet und ich sehe, daß diese mehrfach gesichert ist, glaube ich dem Alten das »Not worth to tell« erst recht nicht mehr. Er hat wohl nur tiefgestapelt.

Von seiner »Cabin« bin ich dann rundum enttäuscht; das Innere einer Goldgräberhütte hatte ich mir anders vorgestellt. Hier herrschte eine Ordnung, als hielte sich der Einsiedler ein Stubenmädchen. Und noch etwas verblüfft mich: Rechts neben der Tür steht ein Verkaufstresen; für mich ist er der Beweis dafür, daß hier regelmäßig Gold zu Geld gemacht wird. Der Mann bückt sich und holt ein Schächtelchen hervor; auf dessen Boden glänzen ein paar Plättchen Goldstaub. Das war wirklich nicht der Rede wert; da lohnte kein Kauf! Er scheint meine Gedanken erraten zu haben. »That's just something to please children. You must put it under a magnifying glass then it looks more!« (Das ist gerade mal was für Kinder; man muß es unter eine Lupe legen, dann wirkt es größer!) Ich nicke, denke aber im stillen: »Und wo hast du Schlitzohr die richtigen Nuggets? Die liegen in Lederbeuteln unter den Dielen – oder gar draußen in einer der Hundehütten. Du traust mir nicht, das ist es!« Der Prospektor schaut mir stumm forschend ins Gesicht; ich spüre deutlich, das ist – wie schon draußen vor der Hütte – ein »Safety Check«. Dann geschieht etwas Ungewöhnliches.

Der Raum ist durch einen schweren Stoffvorhang abgeteilt; hinter diesem verschwindet er jetzt. Ich höre ihn herumkramen. Als er wieder hervorkommt, prüft er mich noch einmal »per Blick«; dann streckt er mir den rechten Arm entgegen – mit geschlossener Faust.

Ich bin sicher: Sie umschließt etwas Besonderes. Betont langsam öffnet er sie. In der Vertiefung der Hand liegt ein Ring – mit einem großen Nugget als »Stein«. Das Ding ist viel zu schwer und zu unförmig, um es am Finger tragen zu können; so etwas legte man besser in eine Vitrine – unter »Flutlicht«. Der Goldgräber wartet offensichtlich auf einen Kommentar von mir; aber weil er so protzt, tue ich ihm den Gefallen nicht. Er läßt den Ring ein paarmal kippen und beginnt dann selbst zu reden. Das Nugget habe im Bach gelegen, wie »aus der Hose gefallen« – geradezu vor seinen Füßen; er habe sich nur danach zu bücken brauchen. Mein mageres »Not bad!«, das sehe ich dem Digger an, wurmt ihn; er hatte wohl »Kulleraugen« erwartet. Seine Faust schließt sich wieder. Aber er bringt den Ring nicht ins Versteck zurück, sondern läßt ihn in die Hosentasche gleiten. Der Augenblick erscheint mir günstig; ich komme auf mein »Kaufgesuch« zurück: »I'm looking for something little!« Doch er verneint erneut: »Sorry, nothing!« Irgendwie werde ich aus dem Alten nicht klug. Hier »roch« es geradezu nach Gold. Wenn er aber noch immer argwöhnisch war, warum zeigte er mir dann dieses »Unzen-Nugget«? Jetzt ordnet er den Vorhang, als wollte er damit andeuten: »Vorstellung beendet!«

Wieder vor dem Blockhaus, denke ich: »Kein Gold! Kein Foto! Verdammt schade, daß du diese Begegnung nur per Tagebucheintragung ›konservieren‹ kannst. Ob er mir vielleicht doch...?« Der Prospektor scheint meine Gedanken erraten zu haben. Er kommt meiner Bitte mit einer sensenartigen Handbewegung zuvor: »No photo!« Dieses dritte »Verbot«, das sehe ich ein, ist nun endgültig zu akzeptieren. Im Kopf des Alten ließ sich da nichts bewegen; ebensogut könnte ich einen Stein bitten, aus dem Weg zu gehen. Ein obligatorisches »Bye!«, dann schiebe ich das Rad wieder hinauf zur Straße. Ein paar Kilometer weiter westlich passiere ich den »Cassiar Cemetery«, einen Sammel-Friedhof. Er wurde wohl schon während der Zeit des Goldrausches angelegt. Längst sprießt auf den Gräbern der Samenflug des Waldes: Wildblumen, Gras, Nadelbäume. Ich lese ein paar der Inschriften. Auffallend viele tragen den Zusatz: »Tashoots«. Der Begriff ist mir unbekannt; vielleicht steht er für die Zugehörigkeit zu einer Indianersippe. Auf einem der Holzkreuze entdecke ich den Namen eines Deutschen: Horst Tolkdorf. Die Erde, in der er wohl nach Gold buddelte, hatte ihn schließlich selbst aufgenommen. Gedankenverloren radle ich weiter.

Nach einer Nacht im »Irgendwo« begleitet mich wieder der

Herbst-Sommer. Heute scheint der »Tag der Mildtätigkeit« zu sein. Es hatte schon ein Wagen neben mir gehalten; die Gabe des Fahrers an den »poor cyclist«: eine Dose »Montana Bier«. Jetzt stoppt wieder einer. »What about a drink?« klingt es aus dem Beifahrerfenster. Diese Frage ist wohl eher »rhetorischer« Art, denn noch bevor ich antworten kann, streckt sich mir eine Hand entgegen: mit einer Dose »7up«. Die Limonade muß ich dann mit vielen Auskünften »bezahlen«; das Fragen nimmt kein Ende. Trotzdem: »Many thanks!« Nun überholt mich ein blauer Kleinbus. Drei Autos innerhalb so kurzer Zeit, das ist auf einer Straße wie dieser schon »Rush hour«. Der Fahrer hatte laut gehupt, zum Gruß, wie ich annehme; aber er wollte mehr damit sagen.

Hinter der nächsten Kurve sehe ich ihn dann stehen; der Mann wartet am Straßenrand – in einer »Servier-Pose« wie ein Kellner. Auf der rechten Hand, die er mir entgegenstreckt, »wächst« irgend etwas Grünes. Ich bremse, lasse das Rad ausrollen. Erst aus nächster Nähe erkenne ich das Angebot; es ist ein Brötchen, dick mit gekeimten Sprossen belegt. Um es mir hier anbieten zu können, mußte sich der Fahrer mit der Zubereitung arg beeilt haben. »You need vitamines!« Seine Hand streckt sich mir noch ein Stückchen weiter entgegen. Ohne zu zögern greife ich zu: »Thanks, that is something special!« Dann zeige ich auf die Dose 7up, die noch unter den Spanngurten klemmt: »Just like a little picknick!« Der Mann lacht. Es folgen die üblichen Fragen: Woher? Wohin? Wie lange schon unterwegs? Zum Abschied wünscht er mir dann »viel Glück« für die verbleibenden Kilometer. Als er mich wieder überholt, winke ich ihm noch ein Dankeschön zu – für diese »erste Semmel«, seit ich auf Tour bin.

»Attention! Extreme dust. Use headlights!« (Achtung! Starke Staubentwicklung, fahren Sie mit Licht!) Das große Schild am Straßenrand macht deutlich: Nun ist es vorbei mit dem Komfort für Fahrer und Rad! Der Cassiar wird zur »Piste«.

Als ich die Warnung lese, bin ich mit meinen Gedanken sofort wieder im Yukon: Schrecklich, diese Lehm-Etappen in den Bergen – und später auf dem Robert Campbell Highway! Bei der Erinnerung daran wird mir ganz komisch. Noch einmal eine solche Tortur, das wäre zuviel der »Bestrafung«. Ich werfe einen bittend-fragenden Blick zum Himmel: »Es bleibt doch noch beim Indian Summer?«

Inzwischen bin ich dem ersten Bergmassiv schon recht nahe gekommen. Der Anstieg beginnt. Was für ein Stück harter Arbeit – mit ganzen drei Gängen in der Nabe! Die letzte Strecke, eine lange, steil hinaufführende Gerade, will gar nicht enden. Dazu dieser locker-steinige Belag. Ich gebe auf, schiebe das Rad. Halb links voraus liegt der vergletscherte »Mount Glacial«, weiter im Westen der »Snow Peak«. Mir ist, als signalisierten diese Berge: »Du wirst noch so manches Stück zu Fuß gehen müssen!«

Von jenseits des Passes höre ich tiefes Motorbrummen; das müßte ein schwerer Lkw sein. Er kam wohl genauso langsam voran wie ich. Wir begegnen uns oben auf der Kuppe; Mensch und Maschine keuchen. Der Truck-Driver schaut ganz verblüfft auf den »Wurm« herab, der ihm da entgegengekrochen kommt. Ich dagegen schaue zu ihm auf, als grüßte ich jemand im ersten Stock eines Hauses. In diesem Augenblick greift der Fahrer in die Brusttasche seines Hemdes und wirft mir durchs offene Seitenfenster etwas zu. Die Bewegung wirkt so lässig, als habe der Mann sie viele Male geübt. Das kleine Etwas landet genau vor meinen Füßen.

Was man nicht alles erlebt! Auf meinen Reisen hatte ich schon so manche »milde Gabe« bekommen; nicht wenige Autofahrer glaubten, ein Radler in Räuberzivil käme zwangsläufig aus dem Bettlermilieu. Aber von der Straße brauchte ich bisher noch nichts aufzuheben. Was jetzt zum einen Füßen im Staub liegt, ist nicht die zunächst vermutete Zigarette; es ist ein Kaugummi: »Wrigley's juicy Fruits«. Ich bücke mich danach. Der Truck dröhnt inzwischen mit laut aufheulender Motorbremse die Abfahrt hinunter. Eingewickelt in seine Staubfahne, blicke ich ihm nach. Ein Kaugummi aus dem Straßenstaub – soll ich verärgert sein oder darüber lachen? Ich tröste mich: Irgendwann im Leben passiert eben alles zum ersten Mal.

Ein Schild zeigte die Höhe des Bergsattels: 1242 Meter. Das war sicher kein Rekord, aber ein Rad mit gut 30 Kilogramm Gepäck hier hinaufzubringen, das ging in die Knochen. Ich verschnaufe etwas und genieße eine Weile den Ausblick über das Tanzilla Plateau – eine kleine Belohnung. Dann geht es weiter.

Der Schwächere gibt nach: Gegenverkehr auf Stein- und Staubpiste

Der Tankwart in Watson Lake hatte mich vor den Holz-Transportern gewarnt: Nun begegnet mir der erste. Schon seit Minuten höre ich das Dröhnen des Motors; dann sehe ich ihn kommen. Der Fahrer mußte auf dem Gas »stehen«! In einer Staubwolke, die der einer Explosion gleicht, donnert er heran. Mir bleibt nicht viel Zeit. Ich bremse, springe vom Rad, lege es hastig am Straßenrand ab und bin mit drei Sprüngen am Wald. Neben mir jault der Warnton des Horns – es folgt ein Steinhagel; dann hüllt eine mächtige Staubwolke alles ein.

Die graue »Schleppe« ist kilometerlang. Sie braucht Minuten, um sich zu legen, und diese erste Begegnung mit einem Sattelzug ist mir eine Warnung. Unter dem tonnenschweren Druck der Reifen werden Schottersteine zu Geschossen. Die Fahrer denken gar nicht daran, den Fuß vom Pedal zu nehmen – jedenfalls nicht bei einem »Wild« wie einem Radler. Stimmte es, daß sie täglich einen 1200-Kilometer-Akkord fuhren, dann galt für sie: »Time is money«! Das machte jedes Abbremsen zum »Verlust«.

Es sind diese »Log-Hauler«, die mir – trotz Indian Summer – die nächsten Etappen vermiesen. Der Naturgenuß wird zum

»Zähneknirschen«, zum »Staubkauen«. Auch jetzt stehe ich bereits wieder respektvoll am Waldrand, um so ein Gefährt passieren zu lassen. Mir tut das Rad leid, an dessen Rahmen und in den Speichen ich jedesmal den Steinschlag höre. Aber dieses Mal geschieht etwas Ungewöhnliches. Ich höre, wie der Fahrer zurückschaltet; dann dröhnt die Motorbremse. So viele Tonnen Gewicht aus voller Fahrt zum Stehen zu bringen – noch dazu auf dieser Steinpiste, das ist ein gewagtes Manöver. Der schwere Sattelzug beginnt zu schlingern, will ausbrechen; aber der Fahrer schafft das Kunststück. Fast genau auf meiner Höhe kommt der Hauler zum Stehen. Die von ihm aufgewirbelte Staubwolke, die noch dem Sog folgt, überholt ihn. Der Fahrer zwängt den Oberkörper aus dem Seitenfenster des Führerhauses, formt die Hände zum Sprechrohr; seine Stimme übertönt das Motorgeräusch: »Boy, safe your soul!« Kaum ist die Warnung verklungen, verstärkt sich das Brummen des Motors; dem Auspuff entquillt eine schwarze Öl-Rußwolke. Schwerfällig setzt sich der Transporter wieder in Bewegung. »Junge, rette deine Seele!« Ich ziehe das Tagebuch aus der Brusttasche und notiere den Spruch. Er ist es mir wert, festgehalten zu werden.

Wie im Yukon, so genieße ich auch hier in den Bergen Britisch-Kolumbiens die Freiheit, mir täglich »meinen Hausbach« zu suchen: »French River«, »Cottonwood Creek«, »Skitine« ...; ein Plätzchen war schöner als das andere – und mich abends vom zementartigen Staub des Cassiar befreien zu können, das ist für mich ein unverzichtbarer Komfort. Doch der Sonnenschein trügt. Die Temperaturen werden zunehmend herbstlich, in den Nächten herrscht Klarfrost. Auch heute morgen glitzern Eiskristalle; das Zelt ist bretthart gefroren. Ich hänge meine Stoffhütte wie ein Sonnensegel zwischen die Bäume, damit es die ersten wärmenden Strahlen auffangen und abtropfen kann; das Problem »Bär« ist dabei gedanklich weit weg. Seit der Begegnung am Fuße der Campbell Mountains hatte mich nur noch einmal ein Fell – es trocknete an der Wand eines Handelspostens – gemahnt: »You are in bear country!« Doch kurz nach dem Aufbruch werde ich erneut – und sehr nachdrücklich – daran erinnert.

Die Spur ist nicht zu übersehen. Der Bär mußte links der Straße aus einem Bach gestiegen sein und hatte die Trasse diagonal überquert. Mit seinem wassertriefenden Fell zog er eine richtige »Nässebahn«. Die Fährte ist so frisch, daß sie noch glänzt. Ich möchte lautlos bremsen, aber von den Felgen kommt ein schrilles Quietschen; Steinstaub reibt auf Metall. Ich verfluche das Rad. Verdammt! Der Bär kann noch nicht allzuweit weg sein! »Nichts klappt nach dem Lehrbuch«, schießt es mir durch den Kopf. »Alles, was du über Bären gelesen hast, wurde nicht für Radler geschrieben!« »Only a distant bear is a safe bear!«[31] sagen Ranger, und daran halte ich mich nun. Ich lasse dem »Braunen« oder »Schwarzen« genug Zeit, seines Weges zu gehen. Erst nach längerem stillem Verharren radle ich weiter – jetzt aber in Alarmstimmung.

Wenig später nähert sich von rückwärts ein Wagen. Der Fahrer stoppt und erkundigt sich, ob alles »okay« sei. Ich hebe die Hand: »No problems!«, erwähne aber die eben bemerkte Fährte. Der Mann winkt ab: »Halb so schlimm!« Er sei Waldarbeiter, da gehörten Bären zum Job, meinte er lächelnd. Und wenn ich die erste Motorsäge hörte, sei ich absolut sicher vor ihnen; sie haßten das Geknattere wie die Pest. »Die Skeena Mountains sind dann ›bärenfrei‹«, übertreibt er. Dann bietet er mir einen »Lift« an, über den nächsten Paß. Das klingt verlockend; einen Augenblick lang überlege ich, aber sogleich spreizt sich der Stolz. Was war schon eine kleine Steigung, verglichen mit den Lehm-Etappen im Yukon? Und auch da ging es ohne fremde Hilfe. Dankend lehne ich ab. Der Mann nickt: »War nur gut gemeint!« Dann fährt er weiter.

Von dem Paß, den er mir ersparen wollte, ist vorerst nichts zu sehen; erst weiter im Süden zeigt die Karte engliegende Höhenlinien. Dafür legt mir die Straße jetzt buchstäblich Steine in den Weg. So rauh ist dieser Streckenabschnitt, daß jegliches Fahren unmöglich ist. Der Fußmarsch dehnt sich. Bald erkenne ich: Heute ist es nichts mit dem Erreichen des abgesteckten Ziels. Und weil *eine* Widrigkeit selten allein kommt, folgt nun auch noch der Paß.

Eben noch hatte ich den weißhütigen »Mount Cartner« vor mir

im Blick, jetzt, nachdem der Cassiar nach Westen abgebogen ist, sehe ich den »Mount Edizza«. Die Straße scheint direkt in ein Firnfeld hineinzulaufen. Aus dem Schieben des Rades in der Ebene wird ein »Drücken« bergan. Endlich kippt die Piste ab. Ich werfe einen bösen Blick zurück: Das war die *zweite* Gebirgsschwelle!

Nach so langem Marsch ist mir irgendwie nach »Belohnung«, und ich bekomme sie! In einer Bucht des »Kin Askan Lake« finde ich ein paradiesisch schönes Plätzchen zum Lagern. Hieße mein Endziel nicht Anchorage und säße mir nicht die Zeit im Nacken, ich bliebe eine Weile hier.

Man sollte nicht nur immer wieder die Karte studieren. Auch jedes kleine Schild am Straßenrand konnte von Interesse sein. Nun aber hatte ich bei der letzten Tankstelle etwas übersehen: die Entfernungsangabe bis zur nächsten – und den Gegen-Check mit dem gerade angezeigten Wert am Rad-Computer. So verschätze ich mich später und radle geradezu in eine Falle.

Zunächst folgt der Cassiar weiter dem Iskut River. Die Trasse führt nur leicht bergan. Außerdem hatte man sie vor nicht allzu langer Zeit gewalzt; es gibt keine Schlaglöcher, keinen losen Schotter. Das läßt mich die Natur voll genießen.

Allmählich rücken die Schneeberge näher. Im Osten sind es die »Skeena Mountains«, im Westen die »Coast Mountains«. Das sollte mir zu denken geben. Aber ich war über Stunden so leichtfüßig geradelt, daß sich bei mir der Gedanke festgesetzt hat: »Es wird wohl so weitergehen.« Durch diesen Trugschluß verpasse ich eine letzte Möglichkeit, mein Zelt aufzubauen.

Mit Erreichen des »Ningunsaw River« verändert sich die Landschaft jäh. Nirgendwo gibt es noch ein Stück offenen Busch oder einen lichten Waldsaum. Was den Cassiar nun säumt, ist »Urwald«. Selbst ein Plätzchen zum Abstellen des Rades zu finden, würde hier Mühe machen. Hätte ich doch hier einen kritischen Blick auf die Karte geworfen. Vieles wäre mir erspart geblieben. So aber trete ich bergan, immer noch hoffend, daß das Gelände wieder besser würde. Folgt man einem Fluß in sein Quellgebiet, wird der Gradient mit jedem Kilometer steiler; ich spüre es in den Beinmuskeln. Der Cassiar ist inzwischen zur richtigen »Piste«

verkommen: schmal, steinig, ausgewaschen – eher ein Waldweg als ein »Highway«. Manchmal schließen sich über mir die Kronen der Bäume. So ist es nicht nur die Nähe der hohen Berge, sondern auch das Dunkel des Waldes, das den Tag verkürzt.

Ganze zwei Quadratmeter Boden bräuchte ich für das Aufstellen meines Zeltes. Aber Geländeabbrüche, ein Gewirr von Felsen und umgestürzten Bäumen machen jeden Schritt abseits der Trasse unmöglich. Zudem besteht das Unterholz des »Urwaldes« aus einer Pflanze, von der es heißt, daß selbst der hartgesottenste Buschgänger einen Bogen um sie macht. Dieser »Devils Club« war in der Tat so stachelbewehrt, daß unsere heimische Brombeere im Vergleich dazu eher glatt wirkte. Mir bleibt nur eins: weiterfahren – und hoffen.

Die Nacht kommt so schnell, als rollte sie von einem der Berge ins Tal. Eben noch, so kommt mir vor, sah ich Schneefelder und blauen Himmel durch die Baumkronen schimmern, jetzt funkeln da oben bereits die ersten Sterne.

Um zusätzlichen Kraftaufwand für den Dynamo zu vermeiden, fahre ich mit festgeklemmter Taschenlampe. Ich bin auf den Lichtschein angewiesen, denn diese Piste ist voller Tücken.

Mit der Dunkelheit kommt auch die Kälte. Jetzt machen sich die Nähe des Schnees und der klare Himmel bemerkbar. Es ist das erste Mal, daß ich richtige Winterbekleidung auspacken muß: Handschuhe, Wollmütze, den Island-Pullover. Und im Suchkegel der Taschenlampe noch immer das gleiche Bild: Felsen, Urwald – in einer Senke »ertrunkene« Bäume. Es sieht ganz danach aus, als müßte ich mich auf eine Fahrt durch die Nacht einstellen. Weil der Schein der Taschenlampe Rillen und Schlaglöcher in flachem Winkel trifft, sind diese schattengefüllt, ihre Tiefe ist kaum abzuschätzen. Ein Moment Unaufmerksamkeit – und schon passiert es: Das Vorderrad sackt weg, »schmerzhaft« stöhnen die Speichen; mich selbst hebt es aus dem Sattel. Der rotierende Lichtschein der Taschenlampe verrät ihre Flugbahn; ein Klappern, dann Dunkelheit und Stille.

Wie ich mich hochrapple, gilt mein erster Gedanke nicht meinen Knochen, sondern dem Rad. Dieser Sturz kann der technische K. o. gewesen sein. Ein paar Gymnastikübungen zum »Knochensortieren«: Kein Schmerz durchzuckt den Körper, nur die rechte Schulter »protestiert« – wegen des harten Aufschlagens. Ich selbst hatte also Glück gehabt; doch was war mit dem Rad? In meinen Packtaschen herrscht zwar Ordnung (auf allen Touren hat jedes Teil den gleichen Platz), trotzdem ist es nicht leicht, bei völliger Dunkelheit Gesuchtes zu ertasten. Ich benötige die Streichhölzer und die Kapsel mit den Ersatzbirnen für die Taschenlampe. Hätte mir jemand während der nächsten Minuten zugeschaut, hätte er sich sicher vor Lachen gekrümmt. Da kroch in dunkler Nacht jemand mit immer neu aufflammenden Streichhölzern auf einer Piste in den Coast Mountains umher, als suche er seine Kontaktlinsen. Die Taschenlampe war nicht nur in weitem Bogen davongeschnellt, sondern auch nach dem Aufschlag über den Rand der Piste weitergerutscht; erst nach langem Suchen finde ich sie. Durch den Gummischutz ist der Reflektor unbeschädigt geblieben – ein Glück, denn diese Lichtquelle gehört zu den unverzichtbaren Ausrüstungsgegenständen. Nach dem Wechsel der defekten Birne richte ich den Strahl auf das Rad. Ich schaue es an wie ein Reiter sein gestürztes Pferd. In Gedanken spreche ich auch so zu ihm: »Du hast dir doch nicht etwa einen Knochen gebrochen?« Vorsichtig richte ich es auf. Der Lenker steht schief, der vordere Gepäckträger ist aus dem Lot, aber Schlimmeres bringt die »Diagnose« nicht. Dieses einfache, leicht gebaute Rad schien mehr wegzustecken, als man ihm zutraute.

Ein bißchen Schrauben und Biegen, dann könnte es weitergehen – *könnte!* Da ich für die Arbeiten die Handschuhe ausziehen muß, sind meine Finger steif vor Kälte. Ich kann nicht einmal die Tourenkarte halten. Wo befinde ich mich überhaupt? Ich leuchte auf das Sichtfenster des Rad-Computers; der Tageswert zeigt 110 Kilometer. Laut Straßenlog waren es von der »Iskut-Tankstelle« bis zur »Bell II« 159 Kilometer. Aber der Vergleichs-Check fehlte mir, ich hatte ihn versäumt. Die Station lag irgendwo zwischen drei und fünf Fußmarsch-Stunden voraus. Nach diesem Abschätzen mache ich mich auf den Weg, denn in den Sattel wage ich mich nicht mehr; ein zweiter Sturz könnte wirklich das Aus bedeuten. Wiederum ist es eine geisterhafte Szene: ein Radler auf Nachtmarsch in den Rockys.

Vor mir liegen schwere Stunden. Ich orientiere mich an den Schatten der Bäume, die noch schwärzer sind als der Himmel. Immer wieder tappe ich dabei ins Leere – wie jemand, der die letzte Stufe verpaßt hat. Es sind die Schlaglöcher. Hätte ich doch die Augen einer Katze! Manchmal lasse ich zur Orientierung die Taschenlampe aufblitzen, aber es gilt, diese Lichtquelle zu schonen. Was nützte sie mir mit leeren Batterien!

Die Regen-Etappen, die Yukon-Berge, der zähe Lehm: all diese Widerlichkeiten verblassen während dieses nächtlichen »Suchmarsches«. Stunde um Stunde schiebe ich das Rad. Schon ziemlich ausgepowert hocke ich mich auf einen Felsen; aber das ist tödlich. Die Kälte kriecht an mir hoch; ich muß weiter.

Bereits mehrfach hatte mich Wasserrauschen genarrt; stets glaubte ich, es sei der Bell-Irving River. An ihm lag die Station namens »Bell II«; aber es plätscherten nur irgendwelche »Creeks«. Allmählich habe ich das Gefühl, daß dieser Fluß – samt Station – gar nicht mehr existiert.

Nachtkilometer sind besonders lang; die Dunkelheit täuscht die Sinne. Vielleicht wurde »Bell II« über einen Generator mit Strom versorgt; dann müßte man in der Stille das Tuckern des Diesels hören. Ich lausche: Aber da ist nur ein leises Wasserrauschen.

Der höchste Punkt der Piste scheint überschritten zu sein; seit etwa einer halben Stunde führt die Trasse bergab. Ich möchte einen Fahrversuch wagen, aber die Vernunft warnt mich: »Laß es, du riskierst Kopf und Kragen!«

Das Licht taucht plötzlich auf, als habe es in diesem Augenblick jemand eingeschaltet. Vor Freude ist mir zum Weinen. Dort vorn liegt »Bell II«; mein Nachtmarsch durch die Coast Mountain Range ist zu Ende. Ich hatte es geschafft!

Aus Vorsicht vor Hunden nähere ich mich der Station wie ein Dieb. Als alles ruhig bleibt, leuchte ich mit der Taschenlampe das Gelände ab. Der Lichtkegel erfaßt Baumstämme und Schnittholz: ein Lagerplatz. Damit habe ich das, was ich in den Bergen vergeblich gesucht hatte, ein Stückchen stein- und stachellosen Boden. Für die restlichen Stunden der Nacht liege ich dann auf einer dicken Schicht Rinde gebettet: ein Erschöpfungsschlaf.

Viel zu früh weckt mich das Dröhnen schwerer Motoren: die ersten Log-Hauler. Weil ich nicht unter abgeladenen Baumstämmen begraben werden möchte, räume ich hastig meinen Platz. Frühstücken könnte ich wohl drüben in der Station. Außerdem ist nicht nur das Zelt gefroren, sondern auch der Wasserbeutel. Er fühlt sich an wie ein Stein.

Die Leute von der Bell II hatten mich sicher schon bemerkt. Mit ein paar erklärenden Worten hole ich mir nachträglich die Genehmigung für das Zelten auf Privatgrund. Man schüttelt den Kopf über mich: Ein Nachtmarsch vom Ningunsaw River zum Bell-Irving, das ist für sie »just exotic«. Sie können sich auch nicht daran erinnern, wann hier das letzte Mal ein Radler aufgekreuzt war. Für die Leute bin ich »The cracy man with the bike«, der Verrückte mit dem Rad. Dieser »Ruf« begleitete mich von jetzt an auf den folgenden Alaska-Etappen.

Überrascht von dem scharfen Nachtfrost, erkundige ich mich nach dem Wetter. Denn wer hier in den Bergen wohnte, der wußte es sicher besser zu deuten als die Meteorologen unten in Vancouver. Die Prognose der Bell-II-Besatzung sollte sich später auch als richtig erweisen: wieder ansteigende Temperaturen, noch etwas Indian Summer, dann Regen. Am Pazifik, so hatte man mir prophezeit, gäbe es dann ausschließlich Wasser – von unten und von oben.

In den Beinen steckt noch die Müdigkeit des langen Nachtmarsches. Trotzdem bin ich wieder auf Strecke, aber das schwerste Stück des Cassiar war wohl geschafft. Die Wälder, die ich nun passiere, bieten einen schrecklichen Anblick. Sie bestehen fast nur noch aus Baumstümpfen. Was hier in Jahrhunderten herangewachsen war, das wurde binnen kurzer Zeit Opfer von Motorsägen. Auch jetzt sind die »Lumberjacks« [32] am Werk: ein Krachen und Bersten; die niederstürzenden Baumriesen erschüttern den Boden.

Für mich wird es wieder ein Tag des Staubschluckens. Die Hauler fahren im Viertelstunden-Takt. Immer wieder muß ich die Straße räumen, und führte sie jetzt nicht bergab, ich fiele schon durch diese Zwangspausen hinter mein Tagessoll zurück. Doch mit Erreichen des Meziadin Lake habe ich es geschafft. Ab hier ist der Cassiar ausgebaut und asphaltiert. Ein Glück, damit ist wenigstens das Staubproblem passé!

Alaska, Yukon-Territorium, Britisch-Kolumbien: Mehr als 3000 Rad-Kilometer liegen schon hinter mir. Trotzdem hatte ich Gletschereis bisher nur »auf Distanz« gesehen. Jetzt aber bietet sich mir die Gelegenheit, bis unmittelbar an eine solche Eisbarriere heranzufahren. Ich biege nach Westen ab, auf den Stewart Highway. Kaum 20 Kilometer habe ich zurückgelegt, als über den Felswänden das erste Eis sichtbar wird. Es sind die Gletscher des Mount Tatullo. Nun werden die Ausblicke immer großartiger. Noch eine weitere Stunde bergan, und unmittelbar vor mir liegt die Eiszunge des »Bear Glacier«. Seine gläsern-blaue Abbruchkante glänzt in der Sonne wie von Flutlicht angestrahlt. In der Lagune davor tänzeln kleine Eisschollen, es sind die »Kälber« des Gletschers.

Es reizt mich, noch ein Stück weiterzufahren, denn jenseits des Passes – von Kanada nur durch den schmalen Portland Canal getrennt – liegt Süd-Alaska. Es wäre für mich ein »Blick voraus«. Doch für diese Neugier würde ich bestraft werden. Denn der Stewart Highway »stürzt« zum Pazifik hinab; auf dem Rückweg wäre Schieben angesagt. So genieße ich nur ein »Höhensonnenbad vor Gletschereis«, ein Vergnügen, das ich mir tags zuvor nicht hätte träumen lassen.

Auf der Rückfahrt hinunter zum Cassiar brauche ich das Rad nur rollen zu lassen; den Weg zum Meziadin Lake findet es wie von selbst. Ein Verpflegungskauf in der Station, ein paar neugierige Fragen beantwortet, ein Karten-Check: Und weiter geht es.

Bis zur nächsten Tankstelle sind es 163 Kilometer. Asphalt unter den Rädern, würde ich das Ende des Cassiar in knapp zwei Tagen erreichen. Dann folgte der Yellow-Head Highway. Kanada ist für mich schon recht klein geworden.

Aber der Meziadin-See liegt erst wenige Stunden zurück, da gerät mein Zeitplan erneut ins Wanken. Von einer Brücke herab sehe ich unten im Fluß meinen ersten Lachszug. Ein solches Naturschauspiel »im Bild« oder »live« erlebt: Was für ein Unterschied! Die Lachse schwimmen dicht gedrängt. Als wollte jeder der erste am Laichplatz sein, überholen sie sich springend. Da-

Der Bärengletscher über dem Portland Canal

zwischen treiben bereits die ersten sterbenden Tiere wieder Richtung See. Für sie hat sich der Kreislauf geschlossen: Schlüpfen im Oberlauf eines Bergbaches, Leben im Pazifik, nun die Rückkehr an den Ort der Geburt. Nach dem Sichern des Bestandes folgte der Tod. Fasziniert von dem nicht enden wollenden Strom aus Fischleibern parke ich mein Rad am Straßenrand; aus dem Pedalisten wird ein Wanderer. Ich folge dem Flußlauf, so weit es der Uferbewuchs zuläßt. Wahrscheinlich hätte ich mich noch weiter vorgewagt, wäre da nicht plötzlich die gedankliche Assoziation von »Fisch und Bär« gewesen. Hinter der nächsten Flußkrümmung womöglich einen Grizzly beim Lachsfang zu stören: Es

Belohnung für Staubschlucken und lange Fußmärsche: ein Sonnenbad vor Gletschereis

Lachs »zum Greifen«

könnte das Ende der Tour bedeuten. So gebe ich mich mit den bisherigen Fotos zufrieden. Warum die Gefahr suchen?

Während der nächsten Kilometer begegnen mir immer wieder Indianer. Ihre Blicke sind eher mißtrauisch als neugierig. Wahrscheinlich ist es ein Gebiet, in dem die »Natives« Jagd- und Fischerei-Rechte haben. Jetzt einen gefangenen Lachs auf der Gepäckrolle (man brauchte sie in den Bächen hier wirklich nur zu greifen), und die Provokation wäre perfekt. Als ich dann einen Wagen sehe, auf dessen Pritsche mehrere der Fische liegen, scheint sich meine Vermutung zu bestätigen. Das Rad rollt noch immer. Der von den Bergen herabstreichende Wind macht es mir zusätzlich leicht. Da sind selbst die Steigungen der Kispiox Range kaum ein Hindernis; trotz der Fotopirsch sieht es ganz nach einem Etappen-Rekord aus.

Heute würde ich wohl »Kitwancool« passieren. Das Indianerdorf lag etwas abseits der Straße. Für mich wäre es die erste Siedlung nach fast 700 Kilometern. Meine bisherigen Erfahrungen mit den Ureinwohnern waren – von wenigen Ausnahmen abgesehen – eher negativ gewesen; trotzdem möchte ich einen Versuch wagen.

Schon von weitem sind die langen »Holzfinger« der Totems zu sehen. Das schürt meine Neugier. Doch bald bekommt sie einen Dämpfer. Kaum habe ich die ersten Hütten erreicht, umringen mich die Kinder des Dorfes. Ein Fremder in Kitwancool, noch dazu auf einem Bike! Für die Kleinen mußte das eine Sensation sein. Ich versuche gerade, mit ihnen ins Gespräch zu kommen, als etwas Seltsames passiert: Aus halbgeöffneten Fenstern und Türen ertönen Rufe; sie klingen wie Befehle. Die Kinder, mitten im neugierigen Geplappere, verstummen. Sie wenden sich ab, laufen zu ihren Hütten zurück. Der Vorgang ist ein deutliches Signal: »Weißer, wir wollen dich hier nicht, fahr weiter!« Nur eines der Kinder ist zurückgeblieben, ein etwa achtjähriger Junge – zusammen mit seinem schmutzig-weißen Hund. Durch das Geschehen irritiert, spreche ich ihn an: »What is the reason...?« Doch der Junge überhört meine Frage; statt dessen stellt er mir seinen Hund vor: »This is Strike!« Ich versuche, mich zu revanchieren: »I am Christian...«, aber den Zusatz »from Germany«, das sieht man,

Der Totem »Loch in den Himmel«

hätte ich mir wohl sparen können. Der kleine Indianer schaut so fragend. Er begnügt sich dann auch mit dem Hinweis, daß »mein Land« jenseits des »Großen Wassers« liege. Über seine Frage, ob es denn bei uns auch Kinder gäbe? muß ich unwillkürlich lachen. Der Junge spricht zwar ein gutes Englisch, aber in der Schule scheint er nur das Nötigste zu lernen. Plötzlich übernimmt er die Gesprächsführung:

»Did you meet bears?«

Ich nicke: »Yes!«

»And you killed one!« Das war keine Frage, sondern es klang vorwurfsvoll. Lächelnd verneine ich: »No!«

»But there is blood on your knife!«

Ich bekräftige noch einmal: »No, no!«

»But you killed fish!«

»No bear, no fish, no blood«, versuche ich ihn zu beruhigen. Er streckt die Hand aus: »Your knife!« Auf das »Spiel« eingehend, reiche ich es ihm. Der Indianerjunge betrachtet sich das Finnenmesser von allen Seiten, dann gibt er es mir zurück: »Now you may look at the totems!« Mit diesen Worten dreht er sich um und läuft davon. Verblüfft schaue ich dem kleinen Kerl nach; er wollte mich wohl »vorführen«.

Vielleicht provoziere ich bei einem Gang durch das Dorf die Indianer noch mehr. Andererseits möchte ich gerne ein paar Aufnahmen machen. Aber bald stoppt ein weiterer Zwischenfall meine Neugier.

Kaum habe ich die Dorfstraße verlassen, um einem Pfad zu folgen, der sich zwischen den Hütten hindurchschlängelt, als man mich »abblockt«. Einer der Indianer kommt heraus und verstellt mir den Weg. Seine »Zeichensprache« ist eindeutig: Mit gespreizten Beinen baut er sich vor mir auf, kreuzt ganz langsam die Arme über der Brust und dreht sich dann um. Der Rücken, auf den ich nun blicke, wirkt wie ein Stoppschild: »Bis hierhin – und keinen Schritt weiter!« Das wage ich auch nicht. Irgendwie beschämt gehe ich zu meinem Rad zurück. Jeder Gesprächsversuch scheint mir aussichtslos. Es sind wohl Tsimshian[33], die hier leben. Wie die anderen Indianerstämme hatten auch sie die Geschichte und das Recht auf ihrer Seite. Ich mußte das einfach akzeptieren.

Außer diesem einen Indianer ist niemand zu sehen; und doch fühle ich mich beobachtet. Wo kamen sonst plötzlich die vielen Hunde her? Es ist, als habe man sie heimlich losgebunden, nur um den Fremden zu ängstigen. Von allen Seiten wurde ich angebellt, angeknurrt. Niemand beruhigt die Tiere. Dahinter steckt Absicht. Ähnlich, so fällt mir ein, war es doch am Tanana River – Hunde als Zeichen: »Hau ab, Fremder!«

Rechts habe ich das Rad als Schutzschild, auf der anderen Seite lassen Vorder- und Hinterrad-Taschen den Tieren wenig Platz, um an meine Beine heranzukommen. Die Lücke dazwischen verteidige ich mit blanker Klinge. Mit einer Hand das Rad schiebend, versuche ich Distanz zu gewinnen. Erst am Ortsrand lassen die Hunde von mir ab. Auf diese Art eines Dorfes »verwiesen« zu werden – da keimt Verbitterung.

Statt guter Detail-Fotos von Totems konnte ich nur ein paar zweitklassige Aufnahmen machen. Dabei hatte ich aus den Augenwinkeln eine Fülle von Motiven registriert: eine alte Kirche, überwucherte Gräber, ein Zedernstamm, an dessen Spitze ein bereits herausgearbeiteter Adlerkopf den neuen Totempfahl verriet. Schade! denke ich; doch bald sollten mir diese »Wappenpfähle« immer häufiger begegnen.

Das Tagessoll ist erfüllt, eigentlich könnte ich mich nach einem Plätzchen für mein Zelt umschauen. Aber ein Stück voraus liegt Kiwanga. Das Dorf markiert den Endpunkt des Cassiar Highway. Nach dem feindseligen Empfang in Kitwancool möchte ich doch versuchen, ob es mir in dieser zweiten Indianersiedlung genauso geht. Vielleicht müßte ich wieder gegen Hunde das Messer ziehen? Innerlich angespannt nähere ich mich dem Dorf. Es scheint erheblich größer zu sein als Kitwancool. Sollte es etwa noch mehr Probleme geben? Doch welch eine Überraschung! Als ich die Indianersiedlung durchradle, winkt man mir zu. Eine Schar Kinder läuft lachend und gestikulierend neben mir her: »He, stop! Hold on!« Ich bin erleichtert. Hier war man Weißen gegenüber ja geradezu freundlich gesinnt.

Das ist auch der Grund, weshalb ich keine Bedenken habe, mein Zelt unweit des Dorfes aufzuschlagen, zumal sich der Wald gut für ein Lager eignet. Es gibt keine Steine, kein störendes

Grabkapelle auf einem Friedhof der Athabaska-Indianer

Unterholz, nur ebenen Boden – bedeckt mit einer dicken Schicht Nadelstreu. Solche »Zeltplätze« darf man nicht ausschlagen.

Ich bin noch mit meinem Gepäck beschäftigt, als sich ein Motorrad nähert. Der Fahrer hatte mich wohl von der Straße aus gesehen. Hätte ich gleich das Nummernschild der Maschine bemerkt, das gegenseitige Vorstellen wäre nicht so förmlich gewesen.

»I am Axel!«

»Christian, from Germany!«

Uns als Landsleute erkennend, müssen wir beide lachen. Doch dem Freudenstädter ist gar nicht nach Spaß zumute. Er kommt aus der Eskimosiedlung Inuvik; auf der Rückfahrt über den Dempster Highway hatte es ihn erwischt. Ein kinderkopfgroßer Stein in der Trasse, erzählt er, wurde ihm zum Verhängnis. Jetzt sehe ich die Folgen des Sturzes: Verbiegungen, abgerissene Kabel, gebrochene Kühlrippen am Motorblock. Obwohl der Unfall bereits vor Tagen passiert ist, klagt Axel noch immer über Kopfschmerzen und Stiche in der Brust beim Atmen. Ein Arzt würde wohl »leichte Gehirnerschütterung und Rippenbruch« diagnostizieren.

Axel möchte hier ebenfalls lagern und dann versuchen, seine Start-Elektrik zu reparieren. Es gäbe wohl auch viel zu erzählen, aber weil er sich so elend fühlt, verschieben wir den Austausch der Stories auf morgen.

Unsere Zelte stehen in Sichtweite von Kitwanga, Axels etwa acht Meter von meinem entfernt. Mit Bärenbesuch rechnen wir beide nicht; dafür sind zu viele Hunde in der Nähe. Ihr Bellen klingt vom Dorf herüber. Im Einschlafen vernehme ich noch ein Geräusch. Aber ermüdet von mehr als 100 Tret-Kilometern – und keineswegs in Alarmstimmung – wische ich es beiseite. Mein letzter Gedanke ist schon halb Traum: »Draußen schnüffelt ein Hund herum.«

Als ich am nächsten Morgen aus dem Zelt krieche, ist Axel bereits auf den Beinen. Ich grüße: »Hallo! Wie geht es dir?« Seine Antwort ist ein »stummes Handheben«. »Noch immer Schmerzen?« erkundige ich mich. Jetzt kommt es gepreßt aus ihm heraus: »Hast du nicht den Bären gehört?« Er zeigt auf den Waldboden vor seinem Zelt. Dort sieht es aus, als habe ein Wildschwein nach Wurzeln gegraben. »Wie? Was?« Langsam beginne ich zu begreifen: Das Geräusch, das ich gestern im Einschlafen wahrgenommen hatte, war gar nicht das Schnüffeln eines Hundes gewesen – sondern das eines Bären. Axel kann nicht begreifen, daß ich von alldem nichts mitbekommen habe. Er hat die schrecklichste Nacht seines Lebens hinter sich. Das Messer in der Faust, so berichtet er, habe er, bebend vor Angst, hinter dem Zelteingang gekniet, von dem Bären, der wütend den Boden »umgrub«, nur einen Meter entfernt.

Ich kann das Erlebnis nachempfinden. Es ist mir auch voll

verständlich. Denn Axel hatte seine Lebensmittel im Zelt behalten; er glaubte sie in einer Plastiktüte sicher verpackt. Welch ein Irrtum! Warum der Bär sein Zelt nicht »hinwegwischte« und sich nur am Waldboden vergriff, bleibt unklar. Für Axel war es die Rettung.

Wenn sich zwei auf so ungewöhnliche Weise im Busch treffen, dann gibt es viel zu erzählen; aber im Laufe des Vormittags trennen wir uns dann. Ich wünsche dem Freudenstädter, daß mit ihm wieder alles in Ordnung kommt. Während Axel zum Elektriker wird, fahre ich zurück nach Kitwanga. Es gilt, den Lebensmittelvorrat aufzufüllen und etwas nachzuholen: ein paar Fotos von Totems.

Als ich später vom Cassiar auf den Yellow-Head Highway schwenke, gerate ich in Hochstimmung. Nur noch zwei Tages-Etappen sind es bis zum Pazifik. Ich nähere mich dem »südlichen Wendepunkt« meiner Reise; erneut liegt dann Alaska vor mir.

Die Fahrt hinunter zur Küste empfinde ich zunächst als »Belohnung«. Der Yellow-Head Highway folgt dem Skeena River; er führt fast ständig bergab. Die Landschaft, durch die ich radle, ist zwar nicht so imposant wie die zurückliegenden, aber doch eindrucksvoll. Sie erinnert mich an Norwegen. Die Bergkuppen sind gerundet wie die des Sognedal. Man sah deutlich: Hier waren Gletscher am Werk. Der Strom selbst gleicht mit seinen Nebenflüssen einem verzweigten Fjord. Und noch immer haben wir Indian Summer; das läßt mich die Natur besonders genießen.

Ein Stück voraus fliegt ein großer Vogel auf. Form und Größe der Schwingen verraten: Es ist ein Adler! Als er abdreht, sehe ich deutlich den weißen Kopf – der erste »Bald Eagle«, das Wappentier der Vereinigten Staaten. Während der nächsten Stunden begegnet mir diese Adlerart immer wieder. Sie setzen auf Lachs an, und es mangelt ihnen nicht an Beute. Auch im Skeena River haben die großen Lachszüge begonnen.

Naturbeobachtung, Fotopirsch, Mineraliensuche am Fuß des Mount Kenny – der Tag vergeht wie im Flug. Leider verabschiedet sich mit ihm auch der Indian Summer. Von Südwesten her aufziehende Wolken sind ein deutliches Zeichen: Es wird Regen geben. Am nächsten Morgen nieselt es. Die Leute von der Bell II hatten recht behalten.

Regen nimmt jeder Radtour das Erlebnis. Es bleibt nur noch Frust. Exstew River, Exdamisiks River, Khyex River – ich passiere die Flüsse wie nasse Ziellinien. Die Natur ist nicht wiederzuerkennen. Aufliegende Wolken (oder ist es bereits der vom Pazifik hereindrückende Seenebel?) schaffen eine Waschküchenatmosphäre. Daß Regen hier die Regel ist, erkennt man an den Bäumen. Lamettagleich schmücken meterlange Flechten ihre Äste. Ein dumpfes Grollen nähert sich. Aus dem nassen Grau taucht ein Güterzug auf. Er wird wohl Weizen geladen haben, denn am Ende der Strecke liegt Kanadas Getreidehafen, Prince Rupert. So geisterhaft wie der Zug erschien, verschwindet er wieder. Das Licht der Schlußlaternen vermag den Nebel kaum zu durchdringen.

Ich trete still vor mich hin; dabei wünsche ich mir meinen in den Yukon-Bergen liegenden Südwester zurück, denn die Regenkapuze macht mich zu einem »Pferd mit Scheuklappen«. Dies ist wohl auch der Grund, weshalb mir lange entgeht, daß das Wasser des Skeena River nun langsamer fließt und daß sich der Fluß zum Sund weitet. Dann schimpfe ich über eine Steigung, die die Straße noch tiefer in Wolken führt. Später wird mir bewußt: Es muß der »Telegraph Pass« gewesen sein, die Schwelle zum Pazifik.

Immer dichter wird der Nebel – dazu staubfeiner Sprühregen. Nur schemenhaft erkenne ich voraus ein paar Inseln – winzige Eilande mit einer Handvoll Bäumen.

Hart am Rand der Trasse läuft eine schwache Dünung aus. Ich brauche eine Weile, um zu begreifen: »Du hast den Pazifik erreicht!«

Anchorage, Fairbanks, Tok – Dawson City, Watson Lake... In Gedanken ziehe ich eine lange Linie; sie ist gespickt mit Erlebnissen. Nachdenklich blicke ich in das Wasser des Pazifik – als könnte er mir sagen, welche Abenteuer, welche Gefahren mir der »lange Weg nach Norden« bringen würde.

Zarenadler und Sternenbanner

Der Yellow-Head, meine »Straße der Totems«, wird am Pazifik zur Sackgasse; wer weiter möchte, der muß auf See hinaus; der Weg nach Alaska führt durch tausend Inseln.

Die Hafenstadt Prince Rupert empfängt mich stilecht – mit Regen. Man lästert hier, daß es zwei Arten von Wetter gäbe: jenes, das diesen Küstenstrich zu dem macht, was er ist (schlichtweg »naß«) – und das, was man vergeblich anzutreffen hofft: nämlich Sonnenschein. So ist es nicht verwunderlich, daß auch ich einen der 230 Regentage erwischt habe, die man in der »City of Rainbow« im Jahresdurchschnitt zählt.

»Tor zum Norden«, »Hier, wo die Adler frei segeln«... Auf Glanzpapier klangen diese Lockrufe vielversprechend, doch bei diesem Wetter ist die Stadt bei mir schon abgeschrieben, noch bevor ich sie richtig kennengelernt habe. Auch die geplanten Ausflüge fallen buchstäblich ins Wasser: ein Besuch in dem alten Indianerdorf K'san, eine Totem-Tour, eine Fahrt zu den »Butze-Rapids«. Wenn noch heute ein Schiff ablegen würde, ich ginge sofort an Bord.

Mein Zelt steht unweit des Hafens. Eher aus Langeweile versuche ich einen Stadtrundgang; aber er wird zum »Wassertreten«. Es gießt, als wolle der Himmel Prince Rupert ins Meer spülen. Im Schutz eines Daches stehend, blicke ich die Straße entlang: Trostlosigkeit in grauestem Grau. An der gegenüberliegenden Hauswand hat jemand seinen Frust abreagiert; der Schriftzug: »*No culture!*« ist das einzig Bunte weit und breit. Prince Rupert im Regen, dagegen ist mein kleines Zelt ja eine Insel der Gemütlichkeit. Ich breche den Rundgang ab.

Ausrüstung ordnen, Tagebuch schreiben, zum x-ten Mal Etappen abstecken: Die Stunden ziehen sich wie Kaugummi. Das monotone Geräusch des Regens verstärkt noch dieses Gefühl der »Endlosigkeit«.

Als es dunkel wird, bekomme ich Besuch: Ratten! Die Tiere riechen wohl meine Lebensmittel unter der Apsis. Von den verdächtigen Geräuschen gewarnt, nehme ich die Verpflegung mit ins Innenzelt. Doch nun turnen die Tiere auf dem Stoff herum;

handgroße Beulen verraten ihren Kletterweg. Als alles Abschütteln nicht hilft, werde ich grob. Mitleid ist hier falsch am Platz; Nagelöcher im Zelt kann ich wirklich nicht brauchen. Bei der nächsten »wandernden Beule« schlage ich zu. Ein schriller Aufschrei ist die Antwort. Für die anderen Ratten muß das wie ein Warnruf gewesen sein; denn von nun an habe ich Ruhe. Das nächtliche Erlebnis macht mir diese Stadt noch unsympathischer.

Auch am nächsten Tag warte ich vergeblich auf das Wahrzeichen Prince Ruperts, einen Regenbogen am Himmel – doch von Sonne keine Spur. Trotzdem bin ich ganz aufgekratzt. Drüben am Kai hat die »Taku« angelegt. Das Schiff wird mich zurück nach Alaska bringen. »Alexander Archipel«, »Inside Passage«, das ehemals russische Sitka: Glaubte man dem Buch von Ellen Searby, so lag eine der »schönsten Seereisen der Erde« vor mir. Die Erwartung läßt mich den Regen fast vergessen.

Es sieht ganz danach aus, als sei ich der einzige Passagier an Bord der »Taku«. Season is over! Um diese Jahreszeit fahren keine Touristen mehr nordwärts; der Winter würde ihnen entgegenkommen. Kurz bevor das Schiff ablegt, steigt doch noch eine Gruppe zu. Die Männer sehen nach Waldarbeiter oder Bohrtrupp aus.

Ich habe es mir an einer wind- und regengeschützten Stelle an Deck bequem gemacht. Ein an den Schiffsaufbauten montierter elektrischer Strahler hält mir die nasse Kälte vom Leibe. Was für ein Service! Unter dem Reflektor komme ich mir vor wie ein Küken im Brutkasten.

Was sagt die Karte? Wo in diesen Gewässern Kanada endete – und Alaska begann, das schien nicht genau festgelegt zu sein. »Indefinite boundary«, unbestimmter Grenzverlauf, hieß es. Aber spätestens beim Passieren von Cape Fox wären wir wohl im »Panhandle«[34], wie die Amerikaner Süd-Alaska nennen. Der erste Hafen, den wir anlaufen werden, heißt »Ketchikan«; es folgen »Wrangell«, dann »Petersburg«. Schon die Namen machen deutlich: Ich war auf dem Weg in ein anderes Amerika.

Während die »Taku« mit Nordkurs in den Archipel einläuft, nehme ich Geschichtsunterricht im Reiseführer: Vitus Bering und der Russe Chirikof waren es, die hier vor fast 250 Jahren den Zarenadler hißten. Ihrer Entdeckung Alaskas folgte die Gewalt. »They lost the fight and therewith their culture!« (Sie verloren den Kampf und damit ihre Kultur.) Dieser Ausspruch beschreibt das Schicksal der Indianerstämme, die den Küstensaum damals bewohnten. Mit Pfeil und Bogen – und mit ihren Steinmessern – konnten sie ihr Land gegen die mit Feuerwaffen ausgerüsteten Weißen nicht verteidigen. Meine Erlebnisse in Eklutna und in Kitwancool fallen mir wieder ein. Es ist wohl so, daß die indianischen Väter die Verbitterung über den Verlust ihres Landes ihren Söhnen von Generation zu Generation weitergeben.

Mit 16 Knoten Fahrt schiebt sich die »Taku« durch altes zaristisches Gewässer. Noch erlaubt der Verlauf der Route diese Geschwindigkeit; aber später würden die »Narrows« folgen, jene Engen, in denen man, wie es hieß, vom Schiff aus nach den Zweigen der Bäume greifen konnte. »Schleichfahrt« wäre dann angesagt.

Obwohl es die viertgrößte Stadt Alaskas ist, sehe ich von Ketchikan wenig mehr als den Fähranleger. Es regnet in Strömen. Drüben, in einer kleinen Bucht, warten Fotomotive: die umfangreichste Totem-Sammlung der Erde. Doch bei diesem Wetter bräuchte man für Aufnahmen eine Unterwasserkamera. Trotz der langen Liegezeit geht niemand von Bord; und vergeblich wartet die »Taku« auf weitere Fahrgäste.

Als wir ablegen, dunkelt es bereits. Was der Regen nicht verschluckt, wird nun ein Opfer der Nacht. Ich bin auf einer der schönsten Seereisen und komme mir vor wie auf einem Blindflug. Zur Standortbestimmung benutze ich Uhr und Karte: 22 Uhr »Tolstoi Bay«, 23 Uhr »Onslow Island«, gegen Mitternacht »Point Stanhope«. Doch je länger ich versuche, die jeweilige Position der »Taku« zu bestimmen, desto unsicherer werde ich. Ob in der Schiffs-Cafeteria noch Betrieb ist? Vielleicht fände ich dort einen »Mit-Rater«.

Der Raum ist leer. Eine Frau, wohl die Bedienung, döst auf einem Stuhl vor sich hin. »Sorry...!« Durch meine Stimme aufgeschreckt, erhebt sie sich. Aber statt ungehalten zu reagieren, zerfließt sie vor Freundlichkeit: »I am glad that you talk to me!«

Als wollte sie mich im Gespräch noch etwas festhalten, holt sie ein Stück Kuchen für mich. Mit einem »I think you like it!« stellt sie es vor mich hin. »Nanu«, denke ich, »das sieht ja ganz nach ›spontaner Sympathie‹ aus.« Als ich mich dann später verabschiede, steckt sie mir noch ein Früchtestück zu. Ich nicke ein »Thanks!« und denke dabei still: »Du bist wohl ein bißchen einsam, kleine Frau!«

Wrangell verschlafe ich, aber irgendwann werde ich durch ein Gefühl geweckt, als schaukelte mich jemand. Die »Taku« fährt einen seltsamen Schlingerkurs. Wir hatten wohl »Point Alexander« passiert und befanden uns jetzt in den »Narrows« vor Petersburg.

Es ist drei Uhr nachts. Da es nicht mehr regnet, kann ich anhand der voraus blinkenden Seezeichen den Verlauf der Meerenge ausmachen. Die Männer auf der Brücke vollbringen eine Meisterleistung. In einem wahren Kurven-Slalom (es sollen insgesamt fünfzig »turns« sein) manövrieren sie die »Taku« zwischen Felsen und kleinen Inseln hindurch. Irgendein Punkt hieß »Blind slough«, Blindes Loch; dort sah man 16 Marker gleichzeitig blinken. Insider nannten diese Passage »Fahrt durch einen Weihnachtsbaum«. Ich stehe an der Reling, wankend wie ein Betrunkener; das Deck der »Taku« neigt sich mal back-, mal steuerbord. Wäre es nicht so lausig kalt, hielte ich diesen Slalom an der Reling wohl bis Petersburg durch; so aber ziehe ich bald wieder die Bestrahlung durch den Reflektor vor.

Als die »Taku« in Petersburg anlegt, ist es noch Nacht. Nun würde die »ruhige« Fahrt durch den Frederick Sound folgen; da konnte ich den bisher versäumten Schlaf nachholen.

»We are entering Whale Country!« Es ist die Stimme des Kapitäns, die mich weckt; sie kommt aus dem Bordlautsprecher. »Wal-Gewässer!« So schnell war ich noch nie auf den Beinen. Die Sicht ist schlecht! Über dem Sund liegt noch Morgendunst. Es sind Geräusche wie die von Dampfloks, die die Position der auftauchenden Wale verraten; das Ausstoßen der Atemluft erzeugt dieses fauchende Zischen.

Die Fahrt der »Taku« durch den Frederick Sund dauert mehrere Stunden; und als sich der Dunst auflöst, kann man die Tiere

Buckelwale gehen auf Tauchstation

mühelos ausmachen. Was für ein Erlebnis! »A school[35] of seven!« Eine »Schule von sieben«, tönt es aus dem Lautsprecher. Das Spektakel der spielenden Wale läuft unmittelbar vor dem Schiff ab. Der Kapitän läßt die Maschinen stoppen; Wale haben hier Vorfahrt. Von der Brücke wird jetzt jede Begegnung angekündigt: »Humpbacks right sight!« (Buckelwale steuerbord). »Two Killer-Whales left, look at the high fins!« (Links zwei Mörder-Wale. Achten Sie auf die hohe Rückenflosse!) Wie zwei Torpedos, knapp unter der Wasseroberfläche schwimmend, ziehen die »Killer-Whales« ihre Bahn. Ihre Finne durchschneidet die See wie eine Messerklinge.

Allein zwischen »Turnabout Island« und »Point Gardener« zähle ich 16 Begegnungen. Welcher Naturfan käme da nicht ins Schwärmen?

Dem Frederick Sound folgt die »Chatham Strait«. Noch immer befinden wir uns im Reich der Wale; aber auch anderes gibt es zu sehen: eine Unmenge verschiedener Seevögel – dazu am Himmel immer wieder Adler. Irgendwann dreht die »Taku« nach Westen ab; sie nimmt Kurs auf einen schmalen Neben-Sund.

Fahrt durch 1000 Inseln: der Alexander-Archipel

Berge von allen Seiten: Fast sieht es aus, als trieben wir in eine Sackgasse. Aber hinter jeder vorgeschobenen Landspitze, hinter jedem Inselchen tut sich dann doch ein Schlupfloch auf.

»Sorry...!« Das war wieder der Kapitän. Er entschuldigt sich, weil er die »Taku« stoppen muß. Die Flut, erklärt er, presse durch die »Inner Peril Strait«, sie sei fast zehn Knoten schnell, das sei zu gefährlich. Wir haben offenbar so etwas wie den »Malstrom«[36] vor uns, und erst nach längerer Liegezeit kann die »Taku« ihre Fahrt fortsetzen.

Mußten die Männer auf der Brücke bereits in den Wrangell Narrows vor Petersburg ihr Können zeigen, so werden sie jetzt ganz gefordert. »Going through Sergius Narrows« hieß es im »Inside Passage Traveler«, »you almost can pick branches from trees.« In der Tat: Die »Sergius«, die wir nun durchfahren, sind so eng, daß Gegenverkehr nicht möglich wäre. An einigen Stellen kommt das Schiff den Felsen wirklich »zum Zweigepflücken« nahe.

»Mothers take care of your kids!« »scherzt« der Kapitän über Lautsprecher. Da sich keine Mütter mit Kindern an Bord befinden, muß es eine Warnung an alle gewesen sein. Und schon neigt sich das Deck der »Taku«. Meine Ausrüstung folgt den Gesetzen der Fliehkraft, sie kommt ins Rutschen; ich selbst erwische gerade noch eine Verstrebung zum Daranfesthalten. Langsam richtet sich das Schiff wieder auf, doch nur, um jetzt nach backbord zu rollen. »Zwei verdammt harte Ruderausschläge«, denke ich. »Okay!« Das war's, gibt der Kapitän Entwarnung. Die »Taku« hatte mit scharfem S-Kurs einen Felsen umfahren.

»Partofshikof Island«, »Krestof Island« – noch zwei weitere Narrows, dann kommen wir in offenes Gewässer. Als wir Sitka, die alte Hauptstadt Alaskas, erreichen, bin ich endgültig sicher, daß ohne diese »Inside Passage« meiner Reise etwas fehlen würde.

Wie paradox: Man reist durch ein Land, das weltweit durch Banalitäten wie »Coke«, »Hamburger« und »Hot dogs« repräsentiert wird, und plötzlich steht man vor dem Zarenadler. Ich entdecke ihn auf den alten Kanonen am »Castle Hill«. Baranof, der »Sieger von Sitka«, und der Patriarch Innocent ahnten sicherlich nicht, daß schon wenige Jahrzehnte nach ihrem (so unterschiedlichen) Wirken hier über dem Zarenemblem das Sternenbanner wehen würde.

Ich mache einen Rundgang durchs amerikanische Rußland. Überall stoße ich auf Zeugen aus der Vergangenheit: die orthodoxe Kirche, alte Gräber, ein »historisches« Beet. Auf ihm wachsen Gemüsearten, wie sie die Russen hier schon anpflanzten: Erbsen, Kohl, Kartoffeln.

Etwas außerhalb der Stadt, im »National Historical Park«, zeugen ein paar Erdhügel von den ersten Befestigungen, und hier leben auch noch Indianer. »They lost the fight and therewith their culture!« Das Zitat fällt mir wieder ein; ich füge in Gedanken hinzu: »And so their future!« Denn nichts kann darüber hinwegtäuschen, daß die Indianer »abgeschrieben« sind: Nicht die Ausstellung im hiesigen Sheldon Jackson Museum, nicht die »Totem-Show«, keine arrangierte Tanzgruppe. Alaska ist Business-Land! Money rules the country!

Als ich in dem Stadtbereich, in dem einige Tlingit[37] wohnen, auf Motivsuche gehe, lerne ich wieder die »Zeichensprache« der

Hütten der Tlingit am Stadtrand von Sitka

Indianer kennen. Bei meiner Annäherung schließen sich Fenster und Türen. Ein Mann, er ist gerade mit Schnitzarbeiten beschäftigt, zeigt es mir besonders deutlich: Er wechselt den Platz, so daß er mir nun den Rücken zuwendet.

Da ich mir bewußt bin, daß eine Kamera provoziert, begnüge ich mich mit ein paar harmlosen Aufnahmen: einer Fassade, einem Gedenkstein, einem mit Blumen bepflanzten alten Schuh. Auf Sichtweite zu den alten Holzhäusern der Indianer wehen aus den Fenstern der Bungalows gutsituierter Bürger die »Stars and Stripes«. Die patriotische Beflaggung wirkt so, als habe man die Stadt gerade erst erobert. Dabei gehört Sitka schon seit 120 Jahren den Amerikanern.

Jetzt stehe ich vor dem »Haus der Pioniere«. Hier verbringen alte Alaskaner ihren Lebensabend, Typen, die aus dem Busch den Weg zurück in die Zivilisation gefunden haben. Später bereue ich es, das Gebäude nicht betreten und an eine der Türen geklopft zu haben. Vielleicht hätte mir so eine richtige »Sourdough-Gestalt«[38] geöffnet: zahnlückig, vollbärtig, mit den Spuren eines Wildnis-Lebens im Gesicht. Man stelle sich vor, ein solcher »Sauerteig« begänne zu erzählen! Seine Lebensgeschichte ließe meine Alaska-Tour wohl als »Spaziergang« erscheinen.

Vor dem Gebäude steht auf einem Sockel der »Prospector«, die in Bronze gegossene Gestalt eines Goldsuchers. Sein Gewehrschaft zeigt die Namenszüge legendärer Fundstätten: Fairbanks, Nome, Bonanza Creek. »It isn't the gold that I'm wanting so much – as just finding ist...« Gedanklich bin ich in diesem Augenblick wieder am Klondike.

In den Wäldern um Sitka zu zelten ist eine einzige Scheußlichkeit. Das letzte Pazifik-Wetter, Regen, war erst vor wenigen Stunden durchgezogen. Die Luft scheint mit Feuchtigkeit gesättigt, der Waldboden gleicht einem vollgesogenen Schwamm. Aber als reichte das Wasser noch immer nicht, folgt nun der Traufregen der Bäume. Eine einzige Nacht unter den Zedern des Tongass-Forstes, und die gesamte Ausrüstung gehört in den Trockner.

Mit dem Erreichen von Sitka ist meine Archipel-Reise noch nicht zu Ende. Tausend Kilometer Inselwelt sind kein Tagesausflug; und in Ermangelung von Straßen bleibt mir als Fortbewegungsmittel weiterhin nur das Schiff. So stehe ich nach diesem »Gang durch die Geschichte« erneut am Fähranleger.

Dieses Mal ist es die »Matanuska«, ein Schwesterschiff der »Taku«, die mich weiterbringt. Olga und Neva Strait, dann wieder die Sergius Narrows; es folgen »Peril«, »Chatham» und »Lynn Canal«: Wale, Adler, Papageientaucher – ich kannte das bereits. Aber je näher wir dem Festland kommen, desto mehr zeigt Alaska sein wahres Gesicht. Berge und Gletscher bestimmen den Horizont. Da die Schmelzwasser an der Küste Unmengen von Sedimenten ablagern, kann die »Matanuska« den Hafen von Juneau nicht anlaufen; ihr Ankerplatz liegt viele Kilometer weiter nördlich, in der »Auke Bay«. Für mich ist dies von Vorteil. Die neue Hauptstadt Alaskas interessiert mich nicht; verglichen mit Sitka war Juneau »geschichtslos«. Dafür sind es von der Bucht bis zum ersten Gletscher nur wenige Kilometer. Fast drei Dutzend Eisströme entfließen hier einem gefrorenen Bergsee, und einer von ihnen, der »Mendenhall«, ist auch für Radler zugängig. Inzwischen ist der Gletscher fast eine Pilgerstätte für

Alaska-Besucher, daher gibt es zu seinen Füßen sogar einen kleinen Campingplatz.

Zu so später Jahreszeit ist er jedoch verwaist; da sparte ich also die Gebühr. Während der Suche nach der »schönsten Nische« fällt mir ein Abfall-Container auf: Der schwere Eisendeckel ist zurückgeschlagen, dahinter verliert sich eine breite Müllspur im Wald. Es sieht fast so aus, als habe jemand die Abfallsäcke ins Gebüsch getragen und dabei die Hälfte des Inhalts verloren. Fast! Denn es besteht nicht der geringste Zweifel daran, daß Bären die »Umweltsünder« waren. Sie waren an die weggeworfenen Lebensmittelreste der Camper gewohnt, und so war kein Zelt, kein Lagerfeuerplatz vor diesen »Campground bears« sicher. Hier meine Stoffhütte aufschlagen? Da hätte ich die Gefahr zum engsten Nachbarn. Mit gemischten Gefühlen verdrücke ich mich wieder.

Obwohl ich mich jetzt auf dem Festland befinde, enden alle Straßen schon nach wenigen Kilometern am Meer. Da bleibt nicht viel Raum zum Suchen. So muß ich als »Campingplatz« schließlich das akzeptieren, was mir die Natur anbietet: ein Stück harten, unebenen Boden. Aber dafür bleibt mir wohl Bärenbesuch erspart.

Eine Wanderung in Gletschernähe ist kein Spaziergang. Das wird mir bewußt, als ich am nächsten Tag vor der Eisbarriere stehe. Ich blicke auf ein Chaos von Spalten und Spitzen. Jenseits der Buschzone wird der Gletscher von blankgeschliffenem Fels gesäumt; da gilt es jeden Schritt zu bedenken. Trotzdem versuche ich es. Ich möchte die Kletterpartie schon aufgeben, als ich über mir im Gestein dunkelrote Einschlüsse entdecke: Granate. Der Fels dort oben ist mit diesen Halbedelsteinen dicht durchsetzt; manche haben Daumennagelgröße. Ähnlich der Gier nach Gold überfällt mich eine andere Sucht: die nach Edelsteinen. Mir ist ganz nach »Bergabtragen«. Aber was kann ich gegen Millionen Tonnen Fels mit einem Messer ausrichten? Alle Versuche, wenigstens ein paar der Granate herauszubrechen, mißlingen. Von immer größeren Stücken angelockt, klettere ich in der Wand umher. Daß tief unter mir Gletscherspalten gähnen, ist mir in diesen Augenblicken nicht mehr bewußt. Und dann ist es soweit!

Die Felswand ist so steil, daß ich mich, um nicht die Balance zu verlieren, nur in ganz »flacher« Körperhaltung vorwärtsbewegen kann. Nun aber sitze ich fest. Platt, gleich einem überfahrenen Frosch, klebe ich in der Wand. Nichts geht mehr! Was aufwärts kletternd gerade zu schaffen war, scheint in umgekehrter Richtung unmöglich. Ich spüre, wie mein Hemd durchfeuchtet. Der Blick nach unten ist grauenhaft. Wenn ich hier abgleite, stürze ich in einen blauschwarzen Eisschlund. Mit Fingerspitzen und Sohlenkanten versuche ich, mich aus der mißlichen Lage zu befreien. So sehr habe ich mich verstiegen, daß selbst freies Atmen gefährlich ist; denn durch das Heben des Brustkorbs wird der Körper von der Wand abgedrückt, und der Schwerpunkt verlagert sich. Es geht um Zentimeter. Ein Blick in die Tiefe läßt mich noch flacher werden. Wäre ich nicht schwindelfrei, so hätte mir die Gier nach den Halbedelsteinen bereits das Genick gebrochen. Von Spalte zu Spalte kralle ich mich weiter; ich nutze kleinste Vorsprünge. Immer wieder verharre ich – die Stirn an den kalten Fels gepreßt. Es kommt mir wie eine Ewigkeit vor, bis ich wieder trittsicher stehen kann. Der Blick zurück macht den Leichtsinn deutlich: An der Nordseite des Mendenhall-Gletschers ohne Seil und Steigeisen herumzuklettern heißt das Leben riskieren.

Es gibt Erlebnisse, die hallen lange nach. Das Lehrgeld, das ich eben in Form von Angst zahlte, wird mich zukünftig wohl vor ähnlichen Eskapaden bewahren. Lektionen, die die Natur erteilt, sitzen!

Seit der Fahrt durch die Berge Britisch-Kolumbiens war ich von Frost verschont geblieben. Das relativ warme Wasser des Pazifiks sorgte für einen Temperaturausgleich. Trotzdem werde ich in dieser Nacht wieder vom Vorboten des Winters überrascht. In den Morgenstunden ist mein Zelt knochenhart gefroren. Fast schreckhaft wird mir beim Anblick der Eisglasur bewußt, daß wir bald Oktober haben und daß ich noch »unendlich weit« von meinem Ziel entfernt bin.

Stille, Kälte, Eiskulissen

Noch immer mangelt es an einer Straße, die mir ein Weiterkommen per Rad ermöglicht. Es ist ein Kuriosum, daß selbst die Hauptstadt Alaskas, Juneau, nur auf dem See- oder Luftweg zu erreichen ist. So gehe ich das dritte Mal an Bord eines Schiffes. Mein Ziel ist Haines, eine kleine Stadt an der Mündung des Chilkat River. Dort beginnt der nächste »Highway«; über ihn käme ich wieder ins Landesinnere.

Langsam schiebt sich die Fähre »Le Conte« durch das Wasser des Lynn Canal. Der Bug des Schiffes zeigt nach Norden. Dort liegt mein Ziel – in 1500 Kilometern Entfernung. Mit gemischten Gefühlen schaue ich der Küste entgegen, der wir uns nähern. Der nächtliche Temperatursturz am Mendenhall-Gletscher hatte mich wieder zweifeln lassen; und die weißen Bergspitzen voraus scheinen meine Bedenken zu bestätigen: Es sieht bereits nach Winter aus. Wie wollte ich da noch über die Pässe kommen: über den »Chilkat«, den »Mentasta«, den »Eureka«? Als ich in Haines mit meinem Rad von Bord der »Le Conte« rolle, begleiten mich die fragenden Blicke der zurückbleibenden Passagiere: »Wo möchte der um diese Jahreszeit mit dem Bike hin?« Ob die Leute meine Antwort wohl ernst nähmen? Aber mein Ziel heißt tatsächlich »Airport Anchorage«.

Die Geographie nördlich des Lynn Canal ist recht verwinkelt. Ein kleiner Landzipfel gehört zu Süd-Alaska, es folgt ein Stückchen Britisch-Kolumbien, dann eine Strecke Yukon-Territorium; schließlich würde ich erneut an der Grenze zu Alaska stehen.

Als ich Haines verlasse, weiß ich, daß wieder Einsamkeit angesagt ist. Auf den nächsten 250 Kilometern gab es nur eine Station, die »Dezadeash«; bis dahin müßte ich mich wohl mit Selbstgesprächen begnügen. Die Straße folgt zunächst dem Chilkat River. Schon die Goldsucher nutzten diesen Weg. Über ihn kamen sie an die Fundstätten im Innern des Landes. Manche Karten weisen ihn noch als »Jack Dalton Trail« aus, und Schilder wie »Pleasant Camp« oder »1000-Dollar-Camp« erinnern an die Zeit der großen Stampede.

Seit dem Skeena River sind Adler für mich nichts Besonderes mehr; zu häufig bin ich ihnen schon begegnet. Nun aber nähere ich mich ihrem Schutzgebiet, dem »Alaska Chilkat Bald Eagle Preserve«. Das Erlebnis beginnt etwa bei »Meile 20«, nördlich von Haines. Auf zehn Kilometer Uferlänge zähle ich mehr als drei Dutzend Adler. Sie sitzen auf überhängenden Ästen, auf Schwemmholz oder auf den Schotterbänken im Fluß. Für die Vögel hat die Fangsaison begonnen; es gibt Lachs im Überfluß. Wenn in wenigen Wochen der geothermisch geheizte Chilkat River das letzte noch offene Gewässer Alaskas ist, dann gibt es hier ein Schauspiel, bei dessen Anblick Ornithologen ins Schwärmen geraten. Etwa 4000 Adler werden sich Ende Oktober an diesem Flußabschnitt zum Fischfang versammeln. Ich hatte ein Foto gesehen; es zeigte 52 Vögel auf einem einzigen Baum – für einen Europäer schier unfaßbar.

Vor lauter Schauen und Beobachten komme ich an diesem Tag überhaupt nicht voran. Aber was machte dies schon! Mein Zeitplan – inzwischen zwei Wochen aus dem Soll – ließ sich doch nicht mehr korrigieren.

Der Highway löst sich vom Fluß. Die Berge, auf die er zuläuft, wirken wie eine drohende Wand. Beim Anblick der Schneegipfel sage ich im Selbstgespräch: »Das schaffst du nie! Dort oben wartet der Winter; du wirst einfrieren!« Zaghaft, langsam gehe ich die Steigung an.

»Alaska – *British Columbia Boundary*«; Die erste Grenze! Als die Zöllner mich sehen, schicken sie ihre Kollegin vor. Die Frau stoppt mich mit Handzeichen. Eigentlich verlangt sie nicht direkt meine Papiere, aber ihre elegante Handbewegung signalisiert: »Nun zeig mal deinen Paß! Mit einem »Here please!« reiche ich ihn ihr. Die Beamtin beginnt darin zu blättern; dabei entdeckt sie die Stempel – »US-Immigration Anchorage«, »Little Gold Creek, Yukon Territory«, »Ketchikan, Alaska«. Sie fixiert mich über den Rand des Passes hinweg. »Did you come along this way with *that*?« Bei diesem »damit?« zeigt sie auf mein Rad. Ich nicke. Die Frau murmelt etwas Unverständliches und reicht den Paß an ihren Kollegen weiter. Dieser prüft ihn noch einmal. Stimmte da etwas nicht? Aber dann sehe ich, wie ihn der Zöllner

Verschnaufpause vor dem Anstieg zum Paß

abstempelt. Später lese ich: »Canadian Customs, Pleasant Creek, B.C.« Das Dokument wurde allmählich zur »Stempelsammlung«. Mein Gepäck war – wie schon bei der Einreise in Alaska und später in den Yukon – wieder nicht von Interesse gewesen. Mit einem »You may go on!« hatte man den »poor cyclist« weitergewunken.

Die Straße wird steiler. Ein Schild mahnt Autofahrer, nur mit guten Winterreifen weiterzufahren und Schneeketten bereitzuhalten. Eigentlich Zufall, daß der Chilkat-Paß noch offen ist, nicht selten schneit er schon Mitte September ein. Aber wäre es wirklich kritisch, so sage ich mir, hätten mich die Grenzer bestimmt nicht passieren lassen; und nach Schnee sah es nicht aus.

Das Mißgeschick ereilt mich am Fuß des Mount Seltat. Aus der Nabe des Hinterrades kommt ein knackendes Geräusch, gefolgt von einem Rasseln und Knirschen. So bricht Metall! So klingt das zerstörte Innenleben einer Schaltung. Das fehlte mir noch!

Notgedrungen wird der Straßenrand zur Reparaturwerkstatt. Total-Demontage ist angesagt. Ein gesprengter Kugellagerring, ein gebrochener Klicker, eine verbogene Spannfeder: Es hätte schlimmer kommen können! Auf dergleichen Pannen muß man vorbereitet sein. Es zeigt sich, daß das Mitschleppen eines »Ersatzteillagers« ein zu akzeptierendes Übel ist. Zwei Kilogramm gut sortiertes Eisen können eine Tour wie diese retten. Als das Rad wieder fahrbereit ist, kann ich meine Finger vor Kälte kaum noch bewegen. Welche Bedingungen, frage ich mich angesichts der frostigen Temperatur, herrschten dann wohl oben auf dem Plateau!

Um Wind und Kälte nicht schutzlos ausgeliefert zu sein, schlage ich mein Zelt noch unterhalb der Baumgrenze auf. Das hat den Vorteil, daß ich mich auch mit Feuerholz versorgen kann; und Wärme, die benötigte ich dringend.

Schnee und Eis waren für mich kein neuer Anblick. Heute aber schaue ich auf eine Kulisse, die einen frieren macht. Jenseits des Zeltes lecken mehrere Gletscherzungen über die Felsen herab; darüber thronen Schneegipfel. In dieser Nacht dürfte ich wohl zum ersten Mal richtig einfrieren.

Der neue Tag beginnt mit Stille. Klirrende Kälte hat die Natur erstarren lassen. Obwohl mein Daunenschlafsack den Frost abgewehrt hat, »rieche« ich ihn. Beim Öffnen des Zeltes rieseln Eiskristalle herab: Mein Atem war an der Innenhaut gefroren. Herrschte draußen eine höhere Luftfeuchtigkeit, dann blickte ich jetzt in eine Rauhreiflandschaft.

Was könnte man als Radler bei solchen Temperaturen ohne Lagerfeuer anfangen? Durch seine Wärme wird Bekleidung wieder »anziehbar«, und auch die Psyche taut ein solches Feuer auf. An diesem Morgen ist es das erste Mal, daß ich mein Zelt gefroren einpacken muß; doch dies sollte bald die Regel werden.

Nach Schnee sieht es auch heute nicht aus. Der blasse Morgenhimmel verspricht wieder einen Sonnentag: kalt, klar – mit einer

Frost läßt die Seen erstarren

fast grenzenlosen Fernsicht. Als ich das Rad berganschiebe, laufen Gedankenspiele in meinem Kopf ab: »Vielleicht schaffst du es nicht ganz bis Anchorage, aber den Alaska Highway zu erreichen, das wäre doch schon was. Dort fahren bestimmt noch ein paar Trucks; auf einem fände dein Rad sicher Platz. Und ist der Winter schneller als du, dann kehrst du um. Auch Juneau hat einen Flughafen.«

So plane ich immer neue Alternativen. Meine Hauptsorge ist nicht der Frost, sondern der Schnee. Würde er mich auf einsamer Piste überraschen, es wäre fatal. Ich bin mir in diesen Minuten völlig bewußt, daß ich für meine Fahrt nach Norden das Glück eines Pokerspielers brauche.

Jenseits der Baumgrenze erwartet mich zwar eisiger Wind, aber vor mir liegt jetzt eine wahre Traumlandschaft. Zum dritten Mal erlebe ich auf dieser Tour das »Feuer« des Herbstes. Über dem Rot und Gelb der Beerensträucher, Zwergbirken und Weiden erheben sich die tiefverschneiten St. Elias Mountains. Jemand hatte diese Landschaft ein »impressionistisches Gemälde« genannt. Man sollte hinzufügen: »Wer es einmal gesehen hat, der wird es nie vergessen!« Immer wieder packe ich die Kamera aus und mache mit frostklammen Fingern Aufnahmen. Erst im Detail sieht man, warum dieses »Bild« in seinen Farben so wirkungsvoll ist. Die Moose leuchten goldbraun, die Flechten schneeweiß. Das Gelb der Zwergbirken sind die »Flammen« des Feuers; das Rot der Beerensträucher seine »Glut«. Selbst Gräser sind auf dieser »Leinwand« farbige Pinselstriche. Rauschend fährt ein Windstoß durch das niedrige Gestrüpp. Er treibt das bunte Laub vor sich her, vermischt es mit den Eiskristallen, die durch die Kälte ausflocken. »Du mußt weiter!« mahnt mich eine innere Stimme, »zum Träumen ist keine Zeit!«

Der feste Belag der Straße wechselt in losen Schotter. Auf »Steinackern« dieser Art ist Fahren sowieso unmöglich. Während ich das Rad weiterschiebe, vergesse ich wieder Zeit und Raum. Angesichts dieses Panoramas, dieses Farbenrausches habe ich »abgehoben«. Erst als die Hochebene – und damit der Chilkat-Paß – hinter mir liegen, werde ich wieder vernünftig.

Es ist ein Schild, das mir schlagartig bewußt macht, daß Träumen in dieser Gegend lebensgefährlich sein kann. Ich habe das Yukon-Territorium erreicht; und die große Tafel am Wegrand warnt ausdrücklich vor Grizzlys.

Seit ich den Grenzposten am Pleasant Camp passiert hatte, war mir kein einziges Fahrzeug begegnet. Überhaupt verriet auf dieser Strecke nichts die Nähe von Menschen. Sogar eine Telegrafenleitung, wie sie sonst den Trassen folgte, fehlte. In dieser Einsamkeit bekommt eine Warnung vor Grizzlys eine besondere Dimension. Als sich dann am Himmel die ersten grauen Wolken – zweifellos Schneewolken – zusammenrotten, ist für die Psyche zusätzlicher Streß angesagt. Am Abend ist es dann soweit. Ich bin am Takhanne River auf der Suche nach einem Plätzchen für mein Zelt, als es zu schneien beginnt. Beim Anblick der wirbelnden Flocken wird mir ganz komisch zumute. Jetzt noch das weit mehr als 1000 Kilometer entfernte Anchorage zu erreichen, dafür würde ich in diesem Augenblick keinen Pfennig mehr wetten. Es sieht ganz danach aus, als sei meine Tour zu Ende.

Nachdem ich schon alle möglichen Alternativen durchdacht hatte, läuft jetzt in meinem Kopf zum ersten Mal der »Notplan«

ab: Die Verpflegung reichte für über eine Woche, an Wasser mangelte es wegen der Nähe des Flusses nicht – auch wäre es in Form von Eis und Schnee reichlich vorhanden. Und noch etwas beruhigt mich: Auf einem Lagerplatz hatte ich Holz entdeckt; sollte ich hier einschneien, dann konnte ich mich damit eine ganze Weile versorgen. Half im äußersten Notfall kein in Richtung eines Flugzeuges »gespiegeltes« oder bei Dunkelheit mit der Taschenlampe »gemorstes« *SOS*, so müßte ich mir wohl Schneeschuhe basteln, um zu Fuß die Dezadesh Station zu erreichen. Mit diesen »völlig klaren« Überlegungen rolle ich mich in meinen Schlafsack.

Als ich am nächsten Morgen aufwache, brauche ich eine Weile, um meine Gedanken zu ordnen: »Du bist am Takhanne River! Grizzly-Warnung! Der erste Schnee!« Ich lausche. Die Stille draußen verrät die Kälte. »Aber auch Schneeflocken«, sage ich mir, »hört man nicht.« Ich befreie einen Arm aus dem Schlafsack und drücke zuerst mit den Fingerspitzen, dann mit der ganzen Hand gegen Innenzelt und Überdach. Der Stoff gibt ohne Gegendruck nach; auch kein rutschendes Geräusch, wie es abgleitender Schnee verursacht, ist zu hören. Als ich vorsichtig die Reißverschlüsse öffne, blendet mich Sonnenlicht. Der Himmel ist so wolkenlos wie in den Vortagen; und nur eine dünne weiße Schicht auf dem Krautbewuchs verrät, daß ein Schneeschauer durchgezogen war. Was in der Abenddämmerung ganz nach Wintereinbruch aussah, wirkte nun bei Tageslicht fast harmlos. Trotzdem spüre ich: »Das war deine erste Glückskarte.«

Während über dem Lagerfeuer das Teewasser im Kochgeschirr zu summen beginnt, baue ich das Zelt ab und packe. Ich bin erleichtert: Der Winter hatte mich noch einmal verschont. Aber mit meiner gelösten Stimmung sollte es schon in wenigen Minuten vorbei sein.

In der kalten, klaren Luft hört man Geräusche meilenweit. Von Norden her nähert sich ein Auto – das erste nach drei Tagen. »Sicher«, so denke ich, »wird der Fahrer den Rauch deines Feuers bemerken und herüberschwenken. Dann kannst du ihm eine Tasse Tee anbieten. Na der wird staunen! Ein Radler am Takhanne River – und das zu dieser Jahreszeit!« Bei dem Gedanken mit dem Tee muß ich unwillkürlich lachen; aber es sollte gleich anders kommen.

Rauchzeichen können vieles bedeuten. Verräterisch sind sie immer. Das ist auch jetzt der Fall. Der Wagen hat den Talrand erreicht und hält; man hat mein Lager entdeckt.

Langsam setzt sich das Fahrzeug wieder in Bewegung. Für kurze Zeit verdecken es die Birken, die den Fluß säumen; dann sehe ich es erneut. Sein Rot schimmert durchs Buschwerk. Eigentlich ist es nicht schwierig, mit einem Auto von der Straße bis an meinen Feuerplatz heranzukommen; doch der Fahrer möchte das wohl nicht. Ich höre Türenschlagen. Es muß also mehr als eine Person ausgestiegen sein. Wenig später sehe ich die Männer; es sind drei Indianer. Sie lassen sich mit dem Näherkommen Zeit; sie gehen bemerkenswert langsam. Bisher war ich meist nur unfreundlichen Natives begegnet; welche Erfahrung sollte ich nun machen?

So wie die drei auf mich zukommen, ist es ihr »verhaltener Gang«, der mich kritisch stimmt. Es sieht fast so aus, als wollten sie den Fremden »einschätzen«. Eine innere Stimme warnt mich: »Paß auf!«

In so unklaren Situationen gibt es eigentlich nur eines: sich nichts anmerken lassen. Mein Brot weiteressend, schiebe ich mit einem Fuß das Holz tiefer in die Glut; ich tue so, als existierten die Indianer nicht. Erst als sie vor mir stehen und keine Andeutung eines Grußes machen, hebe ich meinerseits kurz die Hand: »Hello!« Keiner der drei antwortet. Ich schätze die Männer mit einem kurzen Blick ab. Der jüngste von ihnen dürfte um die Zwanzig sein, die beiden anderen gut Dreißig. Von der Statur her wirken alle sportlich. Gekleidet sind sie wie Brüder: Sie tragen Jeans, blaue Tuchjacken – und für diese Jahreszeit recht unpassend: Turnschuhe. Ich bin mir in dieser Minute noch nicht im klaren, ob ich ihr Schweigen als Unhöflichkeit oder nur als Befangenheit deuten soll; denn so unamerikanisch wie ich aussehe, mußten die Indianer bemerken, daß ich fremder Nationalität bin. Aber dann passiert etwas, was mich in Alarmstimmung versetzt.

Einer der drei beugt sich vor und greift sich mein Eßgeschirr. Nach einem kurzen Blick hinein sagt er wie im Selbstgespräch: »Tea!«, worauf der jüngste etwas für mich Unverständliches antwortet, sich umdreht und zum Auto zurückgeht. Der andere stellt das Eßgeschirr zu seinen Füßen ab. Sich ohne zu fragen meines Tees zu bedienen, das war mehr als unhöflich, das war eine blanke Provokation. Meine Gedanken rasseln wie die Fallblattziffern einer Uhr: »Verdammt! Was tun? Das steht drei gegen einen!« Die Situation gleicht irgendwie der auf dem Robert Campbell Highway, als »Platin Face« und die beiden anderen Typen im schwarzen Mercury mich erschreckten. »Sugar?« Es ist der gleiche Indianer, der sich den Tee gegriffen hatte, der nun nach Zucker verlangt. Wochen zuvor hatte ich mir in Watson Lake eine Tüte Naturzucker gekauft – weniger zum Süßen, denn als zusätzliche Energiequelle. Ein Rest davon ist noch vorhanden; die Tüte liegt vor mir. Ich bücke mich danach und werfe sie dem Indianer über das Feuer hinweg zu: »Here!« Woher ich in dieser Situation diese Lässigkeit nehme, weiß ich selbst nicht. In meinem Innern ist mir ganz anders zumute. Der Indianer versucht den Zucker aufzufangen, muß aber zweimal nachgreifen. Als er den braunen Inhalt sieht, rollt er die Tüte auf und entleert sie mit einem verächtlichen: »Brown sugar!« ins Feuer. Ein Prasseln und Knistern; die Flammen lodern kurz auf, dann ist der Zucker verpufft. Nun gibt es für mich nicht mehr den geringsten Zweifel: Die Indianer sind auf Konfliktkurs.

Mir ist völlig klar, daß ich gegen die drei keine Chance habe. Auch wenn sie – zumindest sichtbar – keine Waffe tragen, so sind sie mir doch überlegen. Viele Hunde waren schon immer des Hasen Tod. Ein Gedanke flammt auf. Da der jüngste noch nicht vom Auto zurückgekehrt ist, habe ich im Augenblick nur zwei »Gegner« – den Wortführer und die schweigende Gestalt neben ihm; sie war wohl der Harmloseste von den dreien. Schon vom ersten Augenblick an war ich bemüht, stets das Feuer zwischen mir und den Männern zu haben; jetzt fixiere ich das brennende Holz: »Gleichzeitig zwei der Äste greifen – und sie den Indianern mit dem Glutende ins Gesicht schleudern; dann sofort nachfassen!« Was für ein Plan! Feuerglut ist eine teuflische Waffe; aber in der Grenzsituation der Notwehr mag sie gerechtfertigt sein. »Why didn't you bring women with you?« Die Stimme des Indianers klingt wie von weither; gedanklich bin ich ganz woanders – bei meiner Selbstverteidigung. Was sollte jetzt der dumme Vorwurf, ohne Frauen hierher gekommen zu sein? In diesem Augenblick erscheint der dritte Indianer wieder. Er trägt in einer Hand mehrere Gefäße. Nun steht es drei gegen einen! Jetzt half mir auch kein brennendes Holz, keine Glut mehr. Was mir als »Waffe« blieb, war nur der klare Verstand.

Die Natur hatte mich genaues Beobachten gelehrt, was mir auf allen Reisen auch beim Zusammentreffen mit Menschen zugute kam. Zuerst war mir der Gang der Indianer aufgefallen. Er war nicht nur »langsam«, ihm fehlte auch die Elastizität, die so jungen Natives eigen sein mußte; dann hatte der Wortführer den Zucker verdächtig ungeschickt aufgefangen; und der dritte starrte jetzt nach wie vor völlig apathisch ins Feuer.

Nun passiert etwas, was in dieses Bild paßt. Der junge Indianer, der die Blechtassen aus dem Wagen geholt hat, hat uns noch nicht ganz erreicht, als er strauchelt. Zwar stürzt er dabei nicht; aber als er sich wieder gefangen hat, bleibt er einen Augenblick stehen, wie um tief Luft zu holen; erst dann geht er weiter. Etwas stimmte da nicht! Die drei schienen nicht angetrunken zu sein; und doch war ihr Verhalten »komisch«. »Außerdem«, so sage ich mir, »wenn sie an dein Geld, an deine Ausrüstung wollen, was soll dann das ganze Vorgeplänkel? Gleich beim Zusammentreffen hätten sie dir eins überziehen können. Sie wissen doch genau, daß Hilfe für dich weit weg ist. Bis zur ›Dezadeash‹ brauchte ich zu Fuß mehr als einen Tag, und der Grenzposten – als nächste Polizeistation – lag Etappen zurück.«

Wir stehen uns gegenüber – getrennt durch das Feuer. Schweigen auf der einen Seite, Bangen und Angst auf der anderen. In meinem Kopf kurbelt es, als müßte ich eine schwierige mathematische Aufgabe lösen. Was ist mit den dreien? In diesem Augenblick fällt das Stichwort!

»Grass? You want some grass?« Als ich das Angebot »Rauschgift« höre, löst sich meine innere Verkrampfung. *Das* war es! Schlagartig habe ich die Lösung: Die drei Indianer sind »high«;

die Wirkung schien wohl erst richtig einzusetzen, das Straucheln des jüngsten war ein Indiz dafür. Mir ist nach »Sieg«, nach »Befreiung«! Jetzt gilt es, ganz cool zu spielen! Betont schroff lehne ich das Angebot ab. Doch der Indianer hakt nach: »Just that you can tell at home how it is!« »Damit du zu Hause wenigstens erzählen kannst, wie es ist!« Mit gespielter Überlegenheit willige ich ein: »Okay! I try it and you get that bike by your muscles across the next mountain!« Auf das Gegenangebot, sein »Gras« zu versuchen, wenn er mein Rad mit Muskelkraft über den nächsten Berg bringt, antwortet der Indianer nicht. Ich hatte ihm den Vorschlag in scharfem Ton gemacht; jetzt senkt er den Kopf und schweigt.

Mir ist inzwischen klar, daß ich gegen die drei gewonnen habe; ich mußte die Rolle des Überlegenen nur weiterhin überzeugend genug spielen. Ich gebe meine geschützte Position auf, gehe um das Feuer herum und greife mir das Eßgeschirr, das zu Füßen des Wortführers steht. Es ist eine kritische Situation. Während ich mich bücke, kann ich nur seine Füße im Auge behalten – das leichte Anheben einer Ferse würde den tückischen Fußtritt verraten. Aber ich weiß in diesem Augenblick nicht, ob mir womöglich seine Faust in den Nacken saust. Doch nichts geschieht! Ich kippe den Tee aus, verstaue das Eßgeschirr und packe, ohne eine Spur Hast zu zeigen, die restlichen Sachen. Das alles geschieht in völligem Schweigen. Die drei Indianer stehen am Feuer und rühren sich nicht. Als das Rad startklar ist, trete ich vor den Wortführer hin, und meinen Zeigefinger wie einen Pistolenlauf auf ihn gerichtet, sage ich zu ihm im Befehlston: »And you take care of the fire!«

Was für ein Bluff! Schon die Tatsache, daß hier nicht die geringste Waldbrandgefahr bestand, läßt zurückschauend die Order, das Feuer zu löschen, als »starkes Stück« erscheinen; und ich gab sie einem Indianer! Betont langsam schiebe ich das Rad in Richtung Straße. »Nur nicht umdrehen! Nicht im letzten Augenblick den Fehler begehen, Angst zu zeigen!« Mir ist völlig klar, daß meine Sicherheit eine relative ist. Das Phlegma der Indianer konnte in Aggression umschlagen. Sie bräuchten sich nur ihres Wagens zu bedienen; schon nach wenigen Minuten hätten sie mich eingeholt. Denn fahrtüchtig waren sie wohl noch – aber in diesem Zustand dann unberechenbar.

Erst als ich aus dem Tal des Takhanne River heraus bin, wage ich einen Blick zurück. Weder der rote Wagen noch die Indianer sind zu sehen. Nur die Rauchsäule von meinem Lagerfeuer signalisiert: »Hier ist jemand!« Ebenso hatte sie mich »verraten«

Mir war ein psychologischer Drahtseilakt gelungen. Aber Stolz darüber empfinde ich nicht; mir ist keinesfalls nach »Gewinner«. Zu tief sitzt der Stachel der Verunsicherung. Eine Situation wie die eben erlebte könnte sich schon morgen wiederholen. Auch hatte sich in den zurückligenden Wochen zu vieles summiert: die überaus harten Etappen, die Erlebnisse auf dem Campbell Highway, das nie ganz zu verdrängende Problem »Bär«. Jetzt kam noch das Pokern mit dem Wetter dazu. So wie steter Tropfen den Stein höhlte, so nagte eine solche Dauerbelastung an den Nerven. Meine Reserven waren geschrumpft; noch ein paar Tage, dann würde mich ein Schreckenserlebnis auf den »blanken Grund« bringen.

Am Himmel sind inzwischen Wolken aufgezogen. Sie entlassen einzelne Schneeschauer. Ich fahre in Wintermontur, mit zusätzlicher Regenjacke; denn auf dem glatten Stoff gleiten die Schneeflocken ab. Dem Wind, obwohl von schneidender Kälte, bin ich jetzt fast dankbar. Er bläst mir die Trasse frei, jagt den Schnee in die Vertiefungen. Trotzdem ist mir wohler, als es wieder aufklart. Nur drüben im Westen, bei den St. Elias Mountains, türmt sich eine graue Wolkenwand. Löste sie sich von den Bergen, dann käme mit ihr wohl der erste Schneesturm.

Zunächst sehe ich am Horizont nur ein helles Quadrat, aber beim Näherkommen wird deutlich: Es handelt sich um ein Dach. Vor mir liegt die Dezadeash Station. Der Anblick der menschlichen Behausung läßt mich aufatmen; wieder hatte ich einen »leeren Raum« durchradelt.

Steifbeinig steige ich vom Rad. Die Leute haben mich wohl kommen sehen; denn als ich den Raum betrete, schauen mir alle entgegen. Jedes der Gesichter ist ein Fragezeichen: »Wo kommt dieser ›cyclist‹ her? Wo will der jetzt noch hin?« Außer einer kurzen Begrüßung wird dieses Schweigen auch nicht gebrochen.

Daß Amerikaner (oder sind es Kanadier?) in einer solchen Situation keine Fragen stellen, das will schon etwas heißen. Für die Leute muß ich eine »fragwürdige Gestalt« sein. Man schaut mir stumm zu, wie ich drei Portionen Erbsensuppe verschlinge, mir an der Kaffeetasse die Hände wärme und den gekauften Stapel Schokolade in den Taschen verstaue. Die Blicke, die mich treffen, sind deutlich genug: »A crazy man!« Ein Verrückter!

Ich gönne mir nur eine kurze Rast; dann heißt es die Kapuze enger ziehen – noch ein paar Fingerübungen in Wollhandschuhen, und schon hat mich die Piste wieder. Mein Ziel ist der Alaska Highway.

Die so drohend wirkenden Wolken über den Bergen werden nun zu einer angenehmen Überraschung. Ich erlebe die »Sternstunde eines Radlers«. Ihr »Abfließen« signalisiert Föhn. Hatte ich den Wind bisher von der Seite, so kommt er nun von achtern; und binnen Minuten mausert er sich zum Sturm. Ich sitze in der Haltung eines englischen Butlers im Sattel; je größer die Angriffsfläche ist, die ich dem Sturm biete, desto günstiger ist seine Schiebewirkung. Doch bald ist selbst dieses Aufrechtsitzen nicht mehr notwendig. Mein Rad rollt, wie von unsichtbarer Hand geschoben; ja es wird immer schneller. Ich habe Mühe, die ebenen Lehmstreifen zu erwischen und den Steinen auszuweichen – jetzt eine Panne, es wäre schade um die verschenkte Distanz.

Als die Windgeräusche zum schrillen Pfeifen anschwellen und die Blätter der Birken gleich gelben Strichen durch die Luft jagen, wird mir klar, daß der Föhnsturm sich zum Orkan entwickelt.

Rückenwind von dieser Stärke hatte ich auf Radtouren noch nie erlebt. Selbst an Steigungen fahre ich wie mit einem Hilfsmotor. Auf ebener Strecke muß ich sogar die Bremsen schleifen lassen; es besteht Sturzgefahr. Was ich hier am Fuße der St. Elias Mountains erlebe, ist wirklich eine Sternstunde.

Inzwischen liegen bereits die Kathleen Lakes hinter mir; und der Orkan jagt mich noch immer vor sich her. Ich beschränke mich aufs Lenken, aufs Abbremsen. »*Haines junction!*« Als ich das Schild lese, traue ich meinen Augen nicht: vom Takhanne River bis zum Alaska Highway in weit weniger als einem Tag! Beim Absteigen vor dem Store wirft es mich fast um. Solche

Windgeschwindigkeiten machen einen Körper hilflos.»It's the Chinook!« erklärt mir drinnen der Verkäufer, und er sagt wörtlich:»Du kannst verdammt froh sein, daß du den zum Verbündeten hast. In der anderen Richtung kämst du keinen einzigen Schritt voran!« Nach dem Erlebten kann ich das nur bestätigen.

Ein Zukauf von Brot, ein kurzes Gespräch – und weiter geht es; denn dieses Phänomen gilt es zu nutzen. Noch viele Kilometer jage ich sturmgetrieben weiter; erst bei Sonnenuntergang flaut der orkanartige Föhn ab. Ein Blick auf den Rad-Computer bestätigt, was ich bereits ahne: Das war Etappenrekord. Mehr als 180 Kilometer hatte mich der Chinook, der berüchtigte Fallwind aus den St. Elias Mountains, vor sich hergetrieben.

Als ich an diesem Abend mein Zelt aufbaue, ist mir erheblich wohler zumute als am Vortag. Ich befinde mich wieder auf der »Lebensader« des Yukons und Alaskas, dem Alcan.

Schon Mitte September wird in diesen Breiten der öffentliche Verkehr weitgehend eingestellt; doch auch der private scheint inzwischen auf ein Minimum geschrumpft. Ich bin überrascht, diese »Rennstrecke« fast autoleer vorzufinden. Was jetzt noch den Alaska Highway befährt, rollt meist nach Süden. Meine Rechnung, notfalls per Truck weiterzufahren, wäre wohl nicht so leicht aufgegangen, wie ich es mir vorgestellt hatte. Es sieht ganz danach aus, als bliebe es bei der schon gewohnten Einsamkeit.

Von den Partien mit Straßenschäden abgesehen, werde ich jetzt bis zum Schluß der Tour Asphalt unter den Rädern haben. Das erleichterte mir vieles. Aber noch ist offen, *wo* dieses Abenteuer letzlich endet. Unweit von Haines Junction hatte ich ein Schild passiert, es zeigte die Entfernung nach Fairbanks: 1005 Kilometer. Das entsprach fast genau der Distanz zum Flughafen Anchorage; denn noch befinde ich mich ja im Yukon. Die langen Etappen durch Alaska kommen erst noch. Es ist still geworden in der Natur – geradezu unheimlich still. Nicht einmal eine Vogelstimme ist mehr zu hören; und die unentwegt südwärts ziehenden Staffeln der Wildgänse sind ein sicheres Zeichen dafür, daß die Tundren bereits erstarrt sind. Es gibt keinen Zweifel mehr: Ich radle dem Winter entgegen.

Der Alaska Highway beginnt zu klettern. Am »Bear Creek

Summit« und am »Boutillier« durchläuft er die 1000-Meter-Höhenlinie. Er führt nun auf das Interior Plateau, jene Eisbox, die im Winter arktische Temperaturen bringt. Ich schaue auf mein kleines Thermometer; es zeigt minus sieben Grad; aber bald würde die Quecksilbersäule noch ein paar Teilstriche weiter abrutschen.

Wieder einmal steht mein Zelt irgendwo im Nichts. Die Farben des Indian Summer sind erloschen; das Herbstfeuer in Rot und Gelb ist verglüht. Geblieben sind dunkle Bronze- und Brauntöne. Die Landschaft strahlt eine erhabene Ruhe aus. Ich versuche, diese Stimmung mit der Kamera einzufangen – ob es der Technik gelingen wird?

Noch immer begleiten mich die St. Elias Mountains; als gigantische weiße Wand überragen sie die stille Weite. Dieser mächtigen Bergkette sollten später noch die Wrangell Mountains und die Chugach Mountains folgen: 1000 Kilometer Fels, Eis und Schnee. Mir kommen ein paar philosophische Gedanken: An dieser Natur könnten kranke Gehirne gesunden. Sie setzt die Maßstäbe. Menschlichen Größenwahn reduziert sie zum Nichts.

Drüben am Alcan rollt ein kleiner Konvoi nach Süden. Auf jedem der Wagen protzen Elchschaufeln – blutige Beute von Großwildjägern, die für harte Dollar ihre Trophäengier gestillt haben. Der Fahrer des letzten Wagen stoppt; er hat mich entdeckt – und wohl auch mein Rad. »Are you going north or south?« klingt es aus dem Seitenfenster. Als ich zur Antwort stumm nach Norden zeige, quittiert er das mit typisch amerikanischem Humor: »If you want to head further north, you should put on your winter tyres!« Winterreifen soll ich aufziehen! Ich antworte mit müdem Achselzucken: »Fahr weiter, Elch-Killer!« Trotzdem werfe ich einen kritischen Blick zum Himmel: Nein, es sieht noch immer nicht nach Schnee aus. Ich mußte wohl mehrere »Glückskarten« in meinem Blatt haben.

Als die Motorengeräusche des Konvois verklungen sind, herrscht wieder Totenstille. Mit einem losgetretenen Stein durchschlage ich das Eis einer Wasserfläche. Es klingt wie eine Explosion.

Beim wärmenden Tee notiere ich später in mein Tagebuch: »Es ist so still, daß ich es körperlich spüre.«

Die Angst im Nacken

Klirrende Kälte, kristallklare Luft – Schneeberge über dunklen Wäldern und Tundraflächen, dazu Totenstille: Stimmung und Szenerie gleichen denen der Vortage. Der einsame Radler ist wieder auf Nordkurs – als winziger Punkt in einer grenzenlosen Landschaft.

Es wird immer schwieriger, ein passendes Plätzchen für das Zelt zu finden. Wald im Yukon ist Urwald. Das Bruchholz liegt kniehoch. Was die Schneelast im Winter erdrückt, was Stürme niedermähen, das braucht Jahrzehnte zum Verrotten. »Offene« Stellen, das sind hier Moorflächen und jetzt gefrorene Seen. Schon mehrfach hatte ich auf Distanz Elche gesehen; aber der Versuch, für ein Foto näher an die Tiere heranzukommen, scheiterte immer an der Unwegsamkeit des Geländes.

Da der Frost das Wasser in den Bergen festhält, sind nun viele Bachläufe ausgetrocknet; selbst große Flüsse gleichen Rinnsalen. Ihr Schwemmland gibt noch die besten »Zeltplätze« ab. Es ist mir durchaus bewußt, daß ich mich in dem Gebiet mit der dichtesten Bären-Population befinde, und ich bin mir nicht sicher, ob die Tiere schon ihr Winterquartier aufgesucht haben – daher ist noch immer Alarm angesagt. Nach wie vor versuche ich die »Regeln« einzuhalten; aber wie oft mangelt es mir an einem Fluchtbaum oder einem Versteck für die Lebensmittel! Was hier noch an Gehölzen wuchs, das würde schon umfallen, wenn sich ein Bär nur dagegenlehnte.

Heute ist mir nach einem Stückchen Zivilisation, einem Bad. Doch fließendes Wasser zu finden, ist nicht leicht; erst ein Zufluß des Kluane Lake eignet sich für eine »Vollwäsche« Schon die Hände in das Gletscherwasser einzutauchen, ist eine Mutprobe. Man hat das Gefühl, mit den Fingern in einem Schraubstock zu geraten. Für den Körper ist es dann, als preßten Stahlzwingen das letzte bißchen Luft aus der Lunge. Wenn ein Autofahrer den

Die Natur erstarrt

Wasser gibt es nur noch in »fester« Form

Noch 800 Kilometer bis zum Flughafen: der Alaska Highway im Bereich des Interior Plateau

Nackten sähe, der da am Kluane aus einem Fluß steigt, vergäße er wohl das Lenken. Doch für das Zähneklappern werde ich wenig später mit einem wohligen Wärmegefühl belohnt.

Goose Bay, Destruction Bay, Burwash Flats: drei Checkpunkte – und ein Tag ist wieder zu Ende. An diesem Abend begleitet mich »positives Denken« in den Schlaf: »Du wirst es schon schaffen!«

Den Faktor Zeit scheine ich inzwischen völlig verdrängt zu haben. Die Tatsache, daß mich – von den Frösten abgesehen – der Winter nun schon so lange verschont, gibt mir das Gefühl eines Hasardeurs. Der Gedanke setzt sich fest: »Es *kann* gar nichts mehr schiefgehen!« Nur so ist es zu erklären, daß ich sogar anfange zu »bummeln«. Ich versuche eine Bergbesteigung – lediglich um die Aussicht zu genießen. Einmal entdecke ich an einer Bergflanke weiße, wandernde Punkte. Das können nur Dall sheep sein! Ich parke mein Rad am Straßenrand und mache mich mit der Kamera an die Verfolgung. Stundenlanges Herumklettern, vorsichtiges Anpirschen, ein mühevoller Abstieg: Wegen ein paar Tieraufnahmen verliere ich einen halben Tag. Schon 600 Kilometer radle ich vor der grandiosen Kulisse der St. Elias Mountains; jetzt steigt diese weiße Wand noch höher empor. Die Gipfel zur Linken das sind »Mount Wood«, »Mount Steele«, »Mount Lucania«: alles Vier- und Fünftausender. Ich sitze vor meinem Zelt auf einem Bündel Fichtenreisig, lutsche gefrorene Kinnikinnick-Beeren und betrachte ehrfurchtsvoll dieses Panorama. Wieder einmal frage ich mich: »Was ist in einer solchen Natur schon der Mensch?« Auf der Suche nach Teewasser scheuche ich drei Elche auf, einen Bullen und zwei Kühe. Froh, ein paar Bäume zwischen mir und soviel Muskelkraft zu haben, warte ich ab, was geschieht. Offensichtlich gelingt es den Tieren nicht gleich, mich in ihr »Freund-Feind-Bild« einzuordnen. Nach längerem Glotzen beginnen die Elchkühe wieder vom verdorrten Gras zu fressen. Doch der Bulle wittert weiter in meine Richtung. Jetzt legt er den Kopf in den Nacken und flieht; sofort folgen ihm die beiden Kühe. »Schade um das Motiv«, denke ich, »aber wer nimmt schon zum Wasserholen die Kamera mit?« Wasser finde ich wieder nur in Form von Eis. Da keine Steine herumliegen und es sich weder mit Fußtritten noch mit Ästen aufschlagen läßt, streife ich als Ersatz die dünne Schneeschicht vom Unterholz ab. Für eine Tasse Tee wird es reichen.

Auf dem Rückweg zum Zelt fällt mir eine Schleifspur auf – gut einen halben Meter breit. Das waren nicht die Elche! Das Tier, von dem diese Fährte stammte, hatte sie mit Beinen und Bauch gezogen. Also streiften noch immer Bären umher. Doppelt vor-

Nach langer Pirsch für ein Foto überlistet: »Dall sheep« in den Bergen West-Yukons

sichtig gehe ich weiter. Später rassele ich laut mit dem Eßgeschirr. Wie verschieden sind die Wirkungen: Was einen Bären verscheucht, das beruhigt die Nerven eines Menschen!

Auf den 900 Kilometern zwischen Fairbanks und Whitehorse gibt es am Alaska Highway ganze drei richtige Siedlungen; der Rest an Zivilisation waren lediglich »Stationen«. Nun nähere ich

Überraschung im ersten Morgenlicht: Elche unweit des Zeltes

mich Beaver Creek, mit seinen 300 Einwohnern in dieser Wildnis geradezu eine Metropole. Nachdem der bisherige Tag autofrei war, begegnen mir jetzt gleich mehrere Fahrzeuge – eines sogar mit Nordkurs. Alle halten; man möchte sich über den »crazy cyclist« ein bißchen lustig machen. Der erste erkundigt sich, wie »warm« es auf dem Bike ist. Und im Weiterfahren ruft er mir noch zu: »You may be happy encountering still such high temperatures!« Der zweite Lästerer deutet mit dem Daumen nach rückwärts und prophezeit mir, daß ich bald in Schneewehen steckenbleiben würde. Als ich zum wolkenlosen Himmel deute, »verspricht« er mir das Ende der Tour schon hinter der nächsten Kurve. Als dann ein weiterer anhält, erfahre ich, daß es bei Beaver Creek tatsächlich schneit; allerdings liege die Schneelinie im Osten des Ortes. Der Mann verabschiedet sich mit: »I think, you mixed up the direction!«

Vielleicht hatte er recht. Als »normal« konnte man dieses Unternehmen schon lange nicht mehr bezeichnen. Minus elf Grad hatte ich bereits gemessen; und statt nach Süden zu flüchten, fahre ich nach Norden – einem Flughafen entgegen, der noch »unendlich weit« entfernt liegt.

Beaver Creek! Die versprochene Schneewehe war natürlich Bluff gewesen, aber das mit dem Schneefall östlich des Ortes stimmte. Dort sehen die Wälder »weihnachtlich« aus. In etwa 100 Kilometern Entfernung von den großen Bergmassiven zog der Winter von Nordwest nach Südost. Er hatte den Alaska Highway wirklich nur um einen Geländestreifen von wenigen Kilometern Breite verfehlt. Kein Zweifel: Ich habe das Glück eines Pokerspielers!

In Beaver Creek kann ich ein paar Grundbedürfnisse befriedigen: richtig essen – und warm duschen. Für die schmutzigen, verschwitzten Typen, die aus dem Busch kamen – aber auch für die Alcan-Fahrer –, gab es hier eine »Public shower«, eine öffentliche Dusche. Einschließlich Seife und Handtuch kostete dieser Luxus fünf Dollar; obwohl ich dafür auch gern das Dreifache bezahlt hätte.

Als ich die »Gaststätten-Badeanstalt« betrete, werde ich wie ein Bekannter begrüßt: »Hello, are you the crazy man on the bike?« Dieses »Bist du der Verrückte auf dem Fahrrad?« machte durchaus Sinn. Zwar konnten die Leute nicht wissen, daß draußen ein Rad an der Wand lehnte, aber mein Aufzug – halb Busch-, halb Polar-Look – sprach dafür, daß ich der irgendwie avisierte Typ war. Jener Autofahrer, der mich überholt hatte, trug jetzt wohl von Station zu Station die Kunde voraus, daß ein Radler (bei Wintereinbruch) auf dem Weg nach Alaska war.

Genug der Fragen! Genug der Anteilnahme! Ich möchte duschen! Mit einem: »I can believe that you are in need of a shower!« (ich kann mir vorstellen, daß du eine Dusche nötig hast) reicht mir die Frau Handtuch und Seife. Dabei bin ich mir sicher, daß hier Typen aufkreuzen, die sich bestimmt seltener waschen als ich.

In frischen Seifenduft gehüllt, ein warmes Essen im Bauch – und die letzten kanadischen Dollar in ein Freßpaket investiert, radle ich weiter: als »crazy man on the bike«.

Vielleicht wäre es vernünftiger gewesen, die Nacht in einer Lodge in Beaver Creek zu verbringen. Das Zelt allmorgendlich rauhreifüberzogen eingepackt, müßte einmal richtig abtrocknen. Auch der Daunenschlafsack könnte einen Schub warme Zimmerluft vertragen. Aber der Anblick der Schneelandschaft im Osten machte mir bange. Der Hasardeur, der Träumer, kalkulierte doch wieder wie ein Realist. Noch eine Woche bräuchte ich bis nach Anchorage; jetzt zählte jeder Tag, jede Stunde. Ein kleiner Windsprung, und meine Tour wäre tatsächlich zu Ende; ich säße im Schneetreiben fest. Mein Abenteuer wird zu einem Countdown.

Inzwischen haben die Wrangell Mountains die »St. Elias« abgelöst. Ein neuer Name – der gleiche Anblick: eine endlose Kette tiefverschneiter Berge. Noch immer befinde ich mich im Yukon, aber bis zur Grenze Alaskas war es nun nicht mehr weit. Schon morgen bekäme ich den Stempel in den Paß: »*Immigration admitted, Alcan – Alaska*«.

Mein heutiges Camp ist geradezu nach dem Lehrbuch; selbst ein Fluchtbaum, eine stämmige Sitka-Fichte, befindet sich in der Nähe. Ich könnte zufrieden sein. Ein letzter Rundgang: Die Tundra liegt bereits im Schatten der Berge. Sie wirkt fast schwarz, was den Kontrast zu den Schneegipfeln noch verstärkt. Der klare Abendhimmel verspricht wieder eine bitterkalte Nacht. Um mir am Morgen das Feuermachen zu erleichtern, sammle ich schon jetzt Fichtenzweige und decke sie gegen Rauhreifansatz mit einer Plane ab. Dann noch ein paar Eintragungen ins Tagebuch. Aber was wäre schon zu vermerken? Die Worte: »Stille, Kälte, Einsamkeit« lesen sich wie eine Verlegenheitsnotiz. Sie stehen nun schon für viele Tage.

Der scharfe Frost hat mich aus dem Schlaf getrieben. Draußen muß erst Dämmerlicht herrschen; denn im Zelt ist kaum etwas zu erkennen. Ich spüre an den Eiskristallen, die mir ins Gesicht rieseln, daß meine Atemluft gefriert. Wieviel Grad mögen es sein? Laut gebe ich mir selbst die Antwort: »Saukalt!« Ich öffne ein Stückchen den Reißverschluß des Schlafsackes, streife den Kapuzenteil ab und versenke die Hand wieder in den warmen Daunen. Es ist wie ein langsames Auftauen.

Das Geräusch, daß ich urplötzlich vernehme, scheint unmittelbar in meinen Ohren zu entstehen. Die Psyche verlegt es vom Waldrand direkt in meine Gehörgänge., Es ist nicht einmal besonders laut, und trotzdem hat es auf mich die Wirkung eines Schusses. Es ist das Geräusch von »Bürsten, die man aneinander reibt« – das Laufgeräusch eines Bären!

Ich will den Reißverschluß des Schlafsackes völlig öffnen, will auf die Beine kommen, aber dafür bleibt mir keine Zeit mehr. Der Bär lief anscheinend vom Waldrand direkt auf das Zelt zu. Die Sekunden zwischen erster Wahrnehmung und einer Fluchtmöglichkeit sind schon verstrichen, noch ehe ich einen Arm aus dem Schlafsack befreit habe. In meinem Kopf hämmert es: »Zu spät!, Zu spät!«

Dem Geräusch nach zu urteilen, läuft der Bär unmittelbar am Zelt vorbei, er will wohl zum Rad, das ein paar Meter weiter an einem Baum lehnt. Später habe ich diese Schreckensminuten »aufgearbeitet«, und ich war verblüfft, welche Gedanken mir in einer solch extremen Situation durch den Kopf gingen. Da bangte ich um die Abspannleinen! Einige Heringe hatte ich mit Steinen in den gefrorenen Boden getrieben, andere waren um Holz geknotet. Da der Bär so nahe vorbeilief, fürchtete ich um das Zelt; denn wenn er über die Leinen stolperte, riß er es um und machte mich damit bewegungsunfähig. Dann das Rad! In einer der vorderen Packtaschen transportierte ich die Verpflegung. Jetzt hing diese zwar in der Fichte, aber wenn die Tasche den Geruch angenommen hatte, würde sich der Bär im Stoff verbeißen. Und dann war es, bei der Haltbarkeit der Gurte, um das Rad geschehen. So liege ich wie tot im Zelt und bange mehr um das Material als um mein Leben.

Doch den Bären scheint mein Gepäck gar nicht zu interessieren. Ich höre ihn herumschnüffeln – zwischen Rad und Zelt. In der Stille klingt das Geräusch erschreckend laut. Ich versuche, meine »Starre« zu überwinden: Zunächst brauche ich Bewegungsfreiheit! Ich muß aus dem Schlafsack heraus; zusammengerafft konnte ich ihn auch als ein »Puffer« gegen die Krallen oder gegen einen Biß benützen. Dann benötige ich ein Schlupfloch; denn hier drinnen sitze ich fest wie eine Maus in der Falle. Aber dazu muß ich drei weitere Reißverschlüsse öffnen: zwei am Innenzelt, einen diagonalen am Überdach. Es sind völlig rationale Gedanken, die sich in Sekundenschnelle in meinem Kopf abspulen. Ich weiß selbst, mit welcher Körperdrehung ich aus dem Zelt heraus muß, wie ich es am besten als »psychologische Schwelle«[39] gegenüber dem Bären nutzen kann – wie ich zu meinem Fluchtbaum gelange. Aber was hilft der klarste Verstand, wenn die Zeit zum Handeln fehlt? Der Bär kommt geradlinig heran! Es ist, als folgte er meiner Fußspur direkt zum Zelt. Unmittelbar neben meinem Kopf liegen – stets griffbereit: Taschenlampe, Messer, Trillerpfeife; an sie müßte ich herankommen. Aber noch sind meine Arme durch den Schlafsack blockiert; und in dem Versuch, mich von der engen Hülle zu befreien, »erstarre« ich. Denn nicht mehr irgendwo draußen, sondern fast genau über mir vernehme ich jetzt das schreckliche Geräusch. Der Bär versucht Witterung aufzunehmen! Ein Hund, der an einem Mauseloch schnüffelt, nur mehrfach verstärkt, ein Schwein, das schmatzend frißt – ein solches Lautgemisch dringt ins Zelt. In diesem Augenblick trennen mich ganze zwei Lagen Stoff vom Maul des Bären. »Die Trillerpfeife!« Der Gedanke ist wie ein Hilferuf. Vorsichtig drehe ich den Kopf, um sie mit dem Mund zu erreichen – vergeblich. Vielleicht hatte der Stoff des Schlafsackes geraschelt, vielleicht hatte sich das Zelt bewegt: Der Bär scheint etwas wahrgenommen zu haben. In das Schnüffeln mischt sich ein Knirschen. »Mach eine Rolle vorwärts, dann erwischt er dich nicht am Kopf!« Der Gedanke zuckt wie ein Blitz auf. Aber mein Körper folgt nicht mehr dem Befehl des Verstandes. Der Puls schlägt in den Ohren – statt an den Handgelenken. Dort rauscht das Blut, als pumpe es das Herz direkt in die Gehörgänge. Gleichzeitig ist mir nach Ersticken. In meinem Zelt scheint ein Vakuum zu herrschen; wie ein Fisch im sauerstoffarmen Wasser, so reiße ich den Mund auf. Ich brauche Luft – und bekomme keine.

Was ich trotz der psychischen Blockade wahrnehme, ist ein wäßriges Schmatzen, gefolgt von einem Brummen. Daß der Bär sich abgewendet hat und weitergetrottet ist, begreife ich erst, als das Bürstengeräusch kaum noch zu vernehmen ist. Ich liege im Zelt wie jemand, der aus einer Ohnmacht erwacht.

Bei der gedanklichen Rekonstruktion des Vorfalls kann ich mich später nicht mehr daran erinnern, wie ich die Reißverschlüsse geöffnet habe und aus dem Zelt gekommen bin. Das Gedächtnis setzt erst bei dem Punkt ein, wo ich in Wollsocken auf dem gefrorenen Boden stehe und laut schreie. Es ist irgend etwas Unartikuliertes; und ich brülle es in die Richtung, in der ich nun den Bären vermute. Der soeben ertragene extreme psychische Streß braucht dieses Ventil.

Nach diesem »Urschrei« werde ich langsam wieder vernünftig. Doch auch für den restlichen Tag wäre ich wohl ein gutes Studienobjekt für einen Psychologen. Seine Beobachtungen würden für eine Dissertation ausreichen.

Schon die Eintragung ins Tagebuch spricht für sich. Eine solche Grenzsituation ist eigentlich ein »seitenfüllendes« Erlebnis; ich aber reduziere das Geschehen auf ganze drei Worte: »Bär am Zelt«. Wie großkotzig diese Untertreibung klingt – angesichts einer Lebensangst bis zum »Blackout«! Außerdem gehe ich noch Stunden nachher so leichtfüßig wie auf Zehenspitzen – und doch irgendwie muskelprotzend. »Wo ist die Brechstange, mit der ich die Erde aus den Angeln heben kann?« Die Woge der Euphorie schwappt über: Ich bin der Größte, der Tapferste, der Stärkste.

Ich hatte einen »irren Fight« gewonnen; sollte der nächste Bär nur kommen! Ich bin unverletzlich! I am the King!

Das Zelt ist abgebaut; ich habe gepackt. Voller Tatendrang breche ich auf. Vor mir liegt – jetzt zum Greifen nahe – Alaska. Das Land und sein Winter schrecken mich nicht mehr – wie könnten sie auch. Vor Freude fahre ich auf dem Alcan Schlangenlinien. Es scheint, als sei ich seit der Begegnung mit dem Bären übergeschnappt.

Voraus wird ein großes Schild sichtbar. Es zeigt eine Landkarte und den Schriftzug: »*Alaska*«. Ich halte, schieße ein Selbstporträt und fahre dann weiter bis zum Grenzposten. Der Beamte wartet schon auf den »seltsamen Immigranten«. In meiner noch nicht abgeklungenen Vermessenheit behandle ich ihn regelrecht »von oben herab«. Seinem: »Your passport please!« komme ich mit einer lässigen Handbewegung zuvor: »Here, you may have a look at!« Der Grenzer nimmt den Paß entgegen und fixiert mich. Einen solchen Ton war er nicht gewohnt; ihm »zu erlauben«, die Papiere zu kontrollieren, ging haarscharf an einer Beleidigung vorbei. Er blätterte in dem Paß, prüfte Seite für Seite. Dann wendet er sich an seine beiden Kollegen, die inzwischen in der Tür erschienen sind: »A German!« Mein Paß wandert von Hand zu Hand und wird so noch zwei weitere Male kontrolliert. Als ich auf die Frage des einen Beamten: »Wohin?« mit »Nach Anchorage!« antworte, verlangt er meinen Flugschein. Auch dieser wird genau inspiziert. Warum der Rückflug »open« (ohne Datum) sei? Ich zeige auf mein Rad: »Riding on that, it is hard to say when a more than 3000 miles run will be finished!« Dem Grenzbeamten scheint das einzuleuchten. Jetzt bekomme ich den Immigrations-Stempel. Dann revanchiert man sich jedoch für mein unverschämtes Auftreten; man reicht mir Flugschein und Paß mit »aalglatter« Arroganz zurück. Immerhin: Ich bin in Alaska! Kaum habe ich den Grenzposten verlassen, werde ich wieder zum winzigen Punkt in der Landschaft. 600 Kilometer sind es jetzt noch bis zum Flughafen – der Rest von 5000. Ich komme mir vor wie im Endspurt.

Meine Euphorie findet ein jähes Ende. Als die Sonne hinter den Wrangell Mountains versinkt, schaue ich mich nach einem

Plätzchen für die Nacht um. Aber keines sagt mir zu. Die überreizte Psyche meldet sich wieder; überall steht in Gedanken ein Bär neben dem Zelt. Notgedrungen wähle ich einen Kompromiß, ein kleines Plateau über einem Geländeabbruch. Hier könnte sich ein Bär nur aus einer Richtung nähern; die anderen drei Zugänge sind Steilhänge.

Nachdem ich das Zelt gegen die Bodenkälte mit Fichtenreisig unterfüttert habe, sammle ich noch Feuerholz. Plötzlich erstarre ich zur Salzsäule. Da war eine Bewegung – etwas Graubraunes! Mein erster Gedanke ist: »Ein Wolf!« Wenig später sehe ich das Tier wieder, dann ein zweites, ein drittes. Auch sie haben mich bemerkt: Ein kurzes Stutzen, dann flüchtet die Gruppe tiefer in den Wald. Ich rufe mich selbst zur Ordnung: Kojoten mit Wölfen zu verwechseln, da mußte man schon ganz schön »aus dem Tritt« sein. Doch der Vernunft-Appell nützt wenig. Das Schreckenserlebnis mit dem Bären sitzt zu tief. Die »Mut-Fassade« war Bluff; ich sollte noch eine Weile brauchen, bis ich wieder »normal« würde.

Als ich später im Zelt liege, frage ich mich, wie ich wohl jetzt auf Begegnungen wie die mit »Platin Face« oder den Indianern reagieren würde. Von nun an beobachte ich mich selbst sehr kritisch. Ich bin mein eigener »Seelenarzt«. Auch am nächsten Tag sehe ich wieder mehrere »Wölfe«. Ich wußte bisher gar nicht, daß es in Alaska so viele Kojoten gibt. Die Tiere zogen jetzt wohl nach Süden – ein weiteres Indiz dafür, daß der Winter bevorstand.

Wettlauf mit dem Winter

Chisina Creek, Gardiner Creek, Deadman Lake: Still in mich hineinhorchend, radle ich gegen die Meilen und den Wind an. Er hat auf Nord gedreht, nun habe ich ihn als bissig-kalten Gegner. Drüben in den Wrangell Mountains tobt ein Schneesturm; binnen weniger Minuten verschwinden große Teile des Gebirgsmassivs hinter einem weißen Vorhang. Wäre dieses Wetter über den White River herangezogen, der Schnee hätte sich gleich einem Leichentuch über den Alcan und den einsamen Radler gelegt.

Einmal halte ich und beobachte die Formationen der Wildgänse. Es wurden von Tag zu Tag mehr; selbst die Nächte waren nun erfüllt von ihren klagenden Rufen. Die Mahnung wurde immer deutlicher: »Der Winter kommt!«

Man sucht die Wildnis und erreicht letzlich vor lauter Einsamkeit doch ein Stadium, wo jedes Haus am Straßenrand zur willkommenen Abwechslung wird. Diese Station hier nennt sich: »1260 Inn«. Das Kürzel steht für »Gasthof bei Meile 1260«, und der Zusatz: »Front door to Alaska« macht deutlich, daß es für die aus südlicher Richtung Anreisenden der erste Zivilisations-Posten des Landes ist.

Klamm und verfroren steige ich vom Rad. Als ich zum Warmwerden die Arme um den Körper schlage, ruft mir ein Arbeiter, der mich bei dieser »Übung« beobachtet, etwas zu, das ich nur teilweise verstehe; aber es klang nach: »Quite comfortable – at ten!«

Bei zehn Grad Fahrenheit, das meinte er wohl (es entspricht etwa minus zwölf Grad Celsius), fühlte man sich auf einem Fahrradsattel in der Tat »recht komfortabel«. »Lästermaul«, denke ich, »hack dein Holz weiter, sonst frierst du noch am Beil fest!«

Auch die beiden Frauen der Inn, wohl Chefin und Tochter, hatten mich beobachtet. Ich werde bereits erwartet. »Hello!« »Hei!« Meine Antwort klingt etwas »vereist«; keine Frage, daß ich einen Schub Wärme benötige – und etwas Ordentliches zum Beißen. Die Mutter beginnt die Speisekarte »aufzuzählen«, doch meine Entscheidung ist schnell gefallen: Wann hatte ich das letzte Mal Huhn gegessen? Also: »Fried chicken, please!«

Der Raum scheint gleichzeitig das »Büro« zu sein. Die junge Frau hat zwei Tische weiter Platz genommen und ordnet dort Papiere. Eigentlich erstaunlich, daß sie keine Fragen stellt, doch ich bemerke, daß sie mich während ihrer Arbeit beobachtet. Ich werde unauffällig taxiert.

Bisher kennt die Frau noch nicht einmal meine Nationalität, und doch macht sie mir plötzlich ein Angebot: »Wenn du einen Job suchst, dann kannst du hierbleiben. Wir könnten dich gebrauchen; hier gibt es eine Menge zu tun!« Höre ich richtig? Wovon so viele träumen: aussteigen, sich absetzen aus der Hektik, der Enge einer Industriegesellschaft – eine solche Chance fiel mir jetzt buchstäblich in den Schoß. Ich schaue stumm zurück; meine Gedanken gleiten ab: »Die 1260 Inn betreuen, Reparaturen ausführen, für Feuerholz sorgen, kurz: Mädchen für alles spielen; sicher bliebe auch Zeit, einmal Quarzsand zu waschen – bis ins Yukon-Gebiet waren es nur ein paar Autostunden.« It isn't the gold that I'm wanting so much, as just finding it!« Da war der Satz wieder. Ich wische den verlockenden Gedanken beiseite: »Sorry...!«

Die junge Frau begreift wohl die Gründe für meine Ablehnung. Zu Hause hatte ich nicht nur einen »Job«, da wartete auch jemand auf meine Rückkehr. Mein »Tut mir leid!« beantwortet sie mit einem langen Blick. Um das Thema zu wechseln, zeige ich auf die gläsernen Isolatoren, die wie Dekorationsstücke am Fensterbrett aufgereiht stehen. Auch ich hatte einen solchen im Gepäck; er stammte von einem Mast am Kluane Lake, der nur noch drei Meter aus dem gefrorenen Moorboden herausragte. Nun erfahre ich, daß diese »Souvenirs« von der alten Alaska-Telegrafenleitung gesuchte Sammelobjekte sind. In den »Lower States«[40] bekäme man richtig Geld dafür.

Die Mutter kommt herein – mit einer Essensportion, die für einen hungrigen Waldarbeiter bestimmt zu sein scheint. Schon richtig: Während eines solchen Radler-Buschlebens kam die Küche oft zu kurz; zum Ausgleich mußte ich in gewissen Zeitabständen eben »fressen wie ein Wolf«.

Ich habe erst die Hälfte der Portion verdrückt, als man mir – ohne daß ich es bestellt hätte – Nachschub bringt: einen Teller Blaubeer-Suppe, ein Stück Kuchen, einen Apfel. Auf diese Art »bemuttert« zu werden, das war mir das letzte Mal auf der »Taku« passiert.

Mir ist noch nach Beine-Ausstrecken, nach Wärmetanken. Aber die Straße ruft. Die beiden Frauen sorgen sich wirklich um mich: Zum Abschied bekomme ich einen Zettel mit Telefonnummern – für den Notfall. Ich bedanke mich lächelnd; denn sollte mich wirklich ein Schneesturm stoppen – würde er mir dann auch eine Telefonzelle vor die Füße wehen?

Noch immer Klarfrost, dazu eisiger Wind und am Himmel die

Rufe der Wildgänse. Drüben bei den Nutzotin Mountains sieht es gar nicht gut aus; dort bräuchte man jetzt wohl Pelzkleidung und Schneeschuhe. Ich habe das Gefühl, daß mich der Winter langsam »einkesselt«. Wie sollte ich da noch über die Pässe an den Wrangell und den Chugach Mountains kommen? Als es dunkel wird, verdrücke ich mich mit meinem Zelt in ein Weidengebüsch. Es ist die einzige Möglichkeit, etwas Schutz vor dem schneidenden Wind zu finden. Was wird mir wohl der morgige Tag bringen?

Einsamkeit und Stille haben mich wieder; ich bin erneut auf »Schweigefahrt«. Nur der Wind und das Laufgeräusch des Rades sind zu hören. Als ich dann einen Stapel Schrottautos durch den Busch schimmern sehe, wartet das erste Erlebnis dieses Tages auf mich.

Neben dem Relikt von der alten Telegrafenleitung befindet sich schon ein wahres Sammelsurium an Andenken in meinem Gepäck: Samen der arktischen Lupine, von Islandmohn (den es hier häufiger als auf der Vulkaninsel selbst gibt), von Silberwurz und anderen Wildblumen – dazu Mineralien, ein fossiler Knochen und ein Trailer-Schild vom Straßenrand im Yukon. Beim Anblick der alten Autos kommt mir nun ein Gedanke: »Wie wär's mit einer ›Plate‹ aus Alaska? Hier wirst du bestimmt fündig!«

Beim Näherkommen sehe ich, daß zu dem Schrotthaufen ein Blockhaus und mehrere Schuppen gehören. Kaum bin ich von der Straße zu dem »Anwesen« hinübergeschwenkt, als es aus dem Blechberg tönt: »Can I help you?« Eine Mütze taucht auf, ein bärtiges Gesicht, dann ein Oberkörper. Es sieht aus, als klettere einer der Fahrer erst jetzt aus seiner verbeulten Karosse. Was machte der Alte bei diesem Wetter »im Schrott«?

Nein, Hilfe bräuchte ich nicht, antworte ich dem vielleicht Siebzigjährigen, aber an einem Alaska-Nummernschild hätte ich Interesse – und bei so vielen Autos gäbe es vielleicht eine Chance. jetzt hat sich der Mann ganz aus den Wracks herausgearbeitet; er antwortet mit einer Handbewegung. Weil ich diese nicht gleich als »Einladung« erkenne, wiederholt er sie: »Come on!« Dann geht er voraus zu seiner Hütte und läßt für mich die Tür offen.

Während meiner Reise hatte es schon viele Szenen gegeben, die auf Film gebannt gehörten. Aber gerade solche Situationen verboten es immer wieder, die Kamera auch nur auszupacken. Wollte ich jetzt etwa diesen Eremiten in seiner Behausung ablichten – gleich einem seltenen Wild im typischen Biotop –, da konnte ich die Hütte gleich wieder verlassen, und zwar rückwärtsgehend.

Eine solche »Stube« hatte ich noch nie gesehen. Selbst ein Maler hätte Mühe gehabt, dieses Milieu zu zeichnen. Der Raum mißt etwa vier mal vier Schritte. An der hinteren Wand steht ein Metallbett, um darauf zu schlafen, müßte man es erst entrümpeln. Die rechte Wand wird von einem Regal und dem Ofen eingenommen; da nicht genügend Platz zum Aufhängen der Pfannen und Töpfe ist, stehen sie auf dem Fußboden. Gegenüber befindet sich das »Lebensmittellager«, ein kleines Gebirge aus Kartons – teils noch verschlossen, teils aufgerissen. Ihrer Beschriftung nach zu urteilen handelt es sich um Verpflegung aus Armeebeständen. Die Mitte des Raumes wird von einem Tisch und zwei Stühlen eingenommen. Als ich die Tür hinter mir zuziehe, wird es dämmrig in der Stube, denn auch das Fenster ist mit Konservendosen verstellt.

Woher der Alte in dieser chaotischen Unordnung plötzlich zwei Blechnäpfe hervorzaubert, entgeht mir. Jetzt bückt er sich noch einmal. Nach kurzem Kramen fliegt eine Handvoll brauner Tütchen auf den Tisch: Zucker – ebenfalls US-Army-Ware. Irgendwo findet er auch eine Dose Kaffee. Für das Aufspüren all der Dinge, die der Mann so täglich brauchte, hatte er wohl eine Art »Kompaß« im Kopf.

»Serve yourself!« Bediene dich selbst! Er zeigt mit einer Hand in Richtung Ofen; auf diesem dampft ein Wasserkessel. Ich schiebe einen Fuß zwischen das Blechgeschirr am Boden und hangele mir den Pott herüber. Das Einschenken überläßt der Alte mir; dann schaut er mich an: »Nun erzähl mal! Wer bist du? Wo kommst du her? Was machst du verrückter Typ jetzt noch mit einem Fahrrad auf dem Alaska Highway?« Der Mann stellt die Fragen nicht; er fordert mich mit Blicken auf zu erzählen. Doch als ich zurückschweige, beginnt er:

»How many miles...?«

»Some 3500...«

»Problems?«
»Indians and some guys!«
»And bears?«
»Some contacts.«

Mir fällt auf, daß ich ungewollt in die gleiche knappe Sprache verfalle, wie sie der Einsiedler spricht. Beim »Kontakt mit Bären« hakt er nach: »Wo? Wann? Wie nahe?« Ich erzähle ihm von der Begegnung am Campell Highway und der im Morgengrauen in der Nähe von Beaver Creek. Der Alte nickt. Dann sagt er: »Du hast einen Fehler gemacht! Du hättest ein Hemd vors Zelt legen sollen – das, welches am meisten nach dir stinkt. Bären mögen das nicht; so riecht kein Wild! Er konnte dich wegen des Frostes nicht ›identifizieren‹; deswegen hattest du ihn so lange am Zelt!« Nach dieser »Schelte« verrät er mir seine »Waffe« gegen Grizzlys: Spraydosen! »Spray?« frage ich erstaunt zurück? Von diesem Trick hatte ich nirgendwo gelesen – es sollte lediglich Versuche mit einem Mittel auf Pfefferbasis geben. Er schüttelt den Kopf: »Auf den Inhalt kommt es gar nicht an. Du nimmst, was du gerade kriegst: Kontaktspray, Frostschutzmittel – egal was. Die Dose schmierst du mit Fisch oder Erdnußbutter ein und hängst sie drei Fuß hoch in die Büsche – hundert Yard vom Zelt entfernt. Ist ›einer‹ in der Nähe, dann riecht er das; und wenn er reinbeißt, reißt ihm der Druck das Maul ein wenig auseinander; außerdem schmeckt's scheußlich. Damit bist du ihn los!« Wenn er in den Busch ginge, fügt er hinzu, dann hätte er immer einige Spraydosen dabei.

In Gedanken schreibe ich unsere Unterhaltung längst mit; solche »Andenken« dürfen nicht verlorengehen. Er schiebt mir die Kaffeebüchse zu. Als ich zunächst ihn und dann mich bediene, nickt er ein »Thanks!«. »Was hast du für einen Job?« erkundigt er sich nun. Der Mann hatte lange genug auf meine Hände geschaut; er wußte bereits die halbe Antwort. Verglichen mit seinen Pranken waren das »Händchen« – keine Risse, keine Schwielen, keine Narben; solche Hände verrieten den »Schreibtischtäter«. Dem Alten mußte das aufgefallen sein. Doch als ich auf seine Frage »Flugzeuge kontrollieren« antwortete, stutzt er. Er schaut mich an, als sei auch mein Gesicht – trotz des Zwei-

Monate-Bartes – ein Stück Kinderhaut. Fast verärgert wiederhole ich: »Controlling aircraft, by Radar!«

Bisher kannten wir voneinander nur unsere Vornamen; er hatte sich mit »Mike« vorgestellt; doch mit meinem »Flugzeuge kontrollieren« schien ich eine wahre Gesprächslawine ins Rollen gebracht zu haben. Nach kurzer Verblüffung beginnt Mike: »Dann kennst du die ›German Lufthansa‹, die ›Swiss Air‹, die ›Scandinavian Airlines‹...?« Ich nickte: »Das sind einige von denen, die bei uns am Himmel fliegen.« Hab früher deren Crews trainiert«, beginnt er wieder, »zwei Wochen im Dschungel, zwei Wochen Wüste, zwei Wochen im Eis! Dreißig Jahre Überlebenstraining! Jetzt brauchen die das nicht mehr. Wenn einer ihrer Jets runterfällt, ist sowieso alles vorbei!«

Der Mensch, der mir da gegenübersitzt, bekommt auf einmal Konturen. Nach drei Jahrzehnten Survival training findet man nicht mehr zurück, *kann* man nicht mehr zurück. Einen solchen Typen möchte die Zivilisation nicht mehr haben; sie grenzt ihn aus. Und Mike ist froh darüber. Nach einem Lebensrhythmus »Dschungel, Wüste, Eis« fände er sich in »unserer« Welt wohl kaum noch zurecht. In eine Stadt verpflanzt, würde er sich vorkommen wie eine Ratte im überfüllten Käfig.

Das »Survival training«, das Mike durch den Rückzug in diese Einsiedelei quasi fortsetzte, verhalf auch so manchem Stück Technik zum Überleben; denn alles, was am Alaska Highway zwischen Tok und Northway Junction funktionsuntüchtig liegenblieb, das war »sein« Fall – von »Achsbrüchen« über »Kolbenfresser« bis zur demolierten Ladung verunglückter Lkws. Das erklärte auch den Haufen Waschmaschinen, der unweit der Autohalde lag. Mike nannte so etwas eine »fette Beute«. Die Belieferung der Stationen mit Ersatzteilen brachte ihm manchen Dollar – ein »Zubrot«, wie er betonte, denn notfalls reichte ihm auch »das von der Army«. Ob er damit lediglich eine Rente oder die gehortete Verpflegung meinte (seine Schuppen sahen auch eher nach Konservenlager aus), läßt er offen. Mike zeigt mit dem Daumen durch die Hüttenwand: Als »Allesfresser« könnte er auch *davon* leben; er meinte damit »den Busch«, der nur wenige Schritte hinter seiner Hütte begann. Ich lausche seinem Selbstgespräch: »Nicht wenige, Mike, würden dich um deine Freiheit beneiden!«

Zum Schluß möchte er mir wohl etwas angst machen: »Du willst doch durch die Wrangell Mountains. Das schaffst du jetzt nicht mehr! Du bist zu spät dran. Außerdem passiert da immer etwas; die Angeschossenen (er meint damit Grizzlys) sind die unangenehmsten. Meld dich mal, wenn du's trotzdem schaffst!«

»Melden? Wohin?« frage ich erstaunt zurück. Wieder beginnt er zu kramen; und er findet, was er sucht: einen Aufkleber mit seiner »Anschrift«. Es ist das Postfach Nummer 65 in Tok, Alaska.

Über all dem vielen Reden hatte ich fast das Autoschild vergessen; doch Mike kommt von selbst darauf zurück. Mit der gleichen Handbewegung, mit der er mich eingeladen hat, lotst er mich jetzt wieder nach draußen: »Come on, your plate!« Ein paar Minuten später habe ich mein Andenken: ein Autokennzeichen mit der Abbildung eines Totems und dem Schriftzug: »Alaska, North to the Future, 1867–1967.« Ich reiche dem alten Trainer die Hand: »Thanks, Mike! And thanks for the coffee; I shall remember the trick with the spray!« Es ist ein seltsamer Abschied. Mike hat beide Arme fast bis zu den Ellenbogen in die Hosentaschen versenkt; er begleitet mich bis zum Straßenrand. Doch kein »Bye, bye!«, kein Nachwinken. Statt dessen kickt der alte Mann ein paar Steine los. Ich habe diese »Geste eines Kindes« verinnerlicht. Auch sie gehört für mich zum Bild vom Überlebens-Trainer Mike Molchan.

Eigentlich ist es nur eine unbedeutende Weggabelung, die ich wenige Stunden später passiere: Tetlin Junction; doch für mich markiert sie einen Meilenstein. Hier war ich im August auf den Taylor Highway abgebogen, hier schloß sich der östliche Kreis meiner Tour. Die Lehm-Etappen am Mount Fairplay, die Hagelstürme, das »Grenz-Café« fallen mir wieder ein. Befände ich mich nicht im Wettlauf mit dem Winter, ich würde mein Tagebuch hervorholen, um darin zu lesen.

Nun überrollt mein Rad seine eigene Spur. Die Brücke über den Tanana River, der Lkw-Lasten-Checkpunkt – ein kleines Buschflugzeug, das auf den Airstrip[41] von Tok einschwebt: Ich habe den letzten Wendepunkt dieser Tour erreicht.

»Gateway Food Centre«, das Geschäft kannte ich bereits. Noch einmal heißt es Verpflegung tanken; sie sollte für den »Endspurt« reichen. Neben Dauerwurst, Brot, Schokolade – und der unverzichtbaren Erdnußbutter – sehe ich mich auch nach einem Spray um. Was ich schließlich finde, ist Rasierschaum. Das Geschäft ist um diese Zeit gut besucht. Plötzlich tönt ein lautes Lachen durch den Raum: Ich »sah« einen Grizzly in diese Dose beißen und sich dabei einschäumen. Alle drehen sich nach mir um. Schon die Szene wirkt albern: Ein Typ im Bush-Look und mit Vollbart hält eine Dose Rasierschaum in der Hand; das sieht ganz danach aus, als wollte er in die Zivilisation zurückkehren. Draußen auf der Straße lache ich noch immer.

Mit Tok liegt nun auch der Alaska Highway hinter mir; mein Rad rollt über neuen Asphalt, den »Glenn«. Dieser läuft geradlinig auf die Berge zu. Bei dem, was sich jetzt vor mir türmt, ist mir eher nach Flucht als nach Weiterfahren. Die Pässe sind nicht einmal sehr hoch – kaum über 1000 Meter –, doch bereits in der Ebene hatte ich minus zwölf Grad gemessen; und die Schneefahnen über den Bergflanken verrieten Sturm dort oben. »Schon möglich, daß du morgen wieder in Tok bist«, geht es mir bei diesem Anblick durch den Kopf, »vielleicht mußt du es dann über Fairbanks versuchen.«

Trotz dieser Umkehrgedanken keimt Stolz. Nach den Verspätungen, die ich mir im Yukon eingeradelt hatte, war bereits damals fraglich geworden, ob ich diese Tour überhaupt wie geplant zu Ende brächte. Doch jetzt, Anfang Oktober, stehe ich immerhin am Fuße der Wrangell Mountains. Ein lächerlicher Rest von 500 Kilometern war bis zum Ziel geblieben. Sollte ich etwa daran scheitern?

Weil es »oben« nach Schneesturm aussieht und mir kein Autofahrer entgegenkommt, den ich nach den Bedingungen fragen könnte, verbringe ich die Nacht noch im Schutz des Waldes, unweit des Tok River.

Am nächsten Morgen verdecken Wolken die Berge. Nur einmal reißt es kurz auf. Der Anblick, der sich mir bietet, ist faszinierend und erschreckend zugleich. Ich schaue auf eine tiefverschneite Bergkulisse. Vor mir wartet der Winter!

Zögernd gehe ich die erste Steigung an. Eine Gruppe Indianer,

Voraus wartet der Winter

die Feuerholz auf einen Geländewagen laden, unterbricht die Arbeit. Stumm blicken sie auf den Radler, der sich da zum Mentasta-Paß hinaufarbeitet. Als ich aus dem Waldgürtel herauskomme, packt mich eisiger Wind; im waagerechten Flug jagt er die Schneeflocken vor sich her. Es sieht ganz nach dem »Ende« aus. Aber der Schauer zieht durch; der Winter scheint mit mir erst ein wenig zu spielen.

Ich erreiche den Paß – und sehe nichts. Die Berge ringsum sind in Wolken »versunken«. Jedes Anhalten ist Zeitverlust! Dicke Norwegersocken als zusätzliche »Fäustlinge« über den Handschuhen und einen wollenen Knieschutz als »Gesichtsmaske«, radle ich weiter. Einzig dem Wind verdanke ich es, daß ich noch vorankomme; er bläst die Straße vom Schnee frei und drückt die Wolken an die Berge. Schließlich habe ich ihn sogar zum »bissigen Freund«. Wie seinerzeit bei den St. Elias Mountains, so jagt er mich auch jetzt vor sich her.

Die Straße pendelt irgendwo bei der 1000-Meter-Höhenlinie. Rechts liegen die Gipfel der Alaska Range, gegenüber die der Wrangell Mountains – vielleicht etwas schade, daß die Wolken alles einhüllen, aber selbst der Himalaya wäre mir in diesen Augenblicken egal. Ich jage über die Bergstrecke des Glenn Highway – sturmgetrieben, mit wirbelnden Pedalen. Jede Meile zählt! Vom Little Tock River bis zum Chistochina-Posten sind es rund 100 Kilometer – als Berg-Etappe für einen Radler eine Mammutdistanz. Aber es gibt für mich nur einen Gedanken: »Runter aus dieser eisigen Höhe!«

Und mit Hilfe des Windes schaffe ich es, ja er treibt mich über den Posten hinaus. Als ein Autofahrer aus der Gegenrichtung stoppt und mir das Angebot macht, er wolle umkehren und mich hinunter in den Ort Glennallen bringen, kann ich bereits abwinken. Die Straße senkt sich wieder hinab. Das Schlimmste liegt wohl hinter mir.

So sehr, das spüre ich, habe ich mich verausgabt, daß ich morgen die Wiederholung einer solchen Etappe nicht schaffen würde. »Weiche« Knie, »bleierne« Füße, ein »nasser« Rücken: Mein Körper hatte für diese Bergstrecke Tribut bezahlt. Auch daß ich an diesem Abend Mikes Spraydosen-Trick vergesse, zeigt, wie down ich bin.

Mein »Zeltplatz« – irgendwo zwischen Talsona Creek und Gakona River – war letzte Nacht mehr als ein Provisorium gewesen. So folge ich ein Stückchen dem Richardson Highway auf der Suche nach einer geschützten Stelle. Und inzwischen weiß ich auch, was mich »voraus« erwartet. Drei Autofahrer hatte ich angehalten und gefragt: »Wie sieht es in den Chugach Mountains aus, bleibt mir da mit dem Bike eine Chance? Die Auskünfte ließen mich hoffen: kaum Schnee – nur Kälte. Und was sich hier staute, das sei wohl schon morgen durchgezogen. »Lieber Klarfrost als eine weiße Pracht!« Mit diesem Gedanken gehe ich am Cooper River in »Warteposition«. Noch eine Nacht, dann würde ich von hier Anlauf über den Eureka Summit nehmen! Ich bin gerade mit dem Aufbauen des Zeltes fertig, als drüben auf der Straße ein Wagen hält. Der Fahrer steigt aus und kommt ein Stück näher heran: »He! I wouldn't do that!« klingt es laut herüber. Was mir der Mann dann noch zuruft, klingt verdammt ernst. Ich befände mich auf einem Claim; und der Besitzer, der drüben im Wald wohne, »schieße auf alles«, was sich hier be-

In einer solchen Natur wird der Mensch zum Nichts: ein 1000-Kilometer-Bergpanorama

wege. Der Fahrer deutet nach Süden. »There you are safe!« Ich forme die Hände zum Sprachrohr: »Thanks! I didn't know!« Drüben schlagen Hunde an, wohl die Tiere des Schürfers. In Windeseile baue ich mein Zelt ab. Jetzt, wo ich es fast geschafft hatte, noch ein solcher Zwischenfall: Das wäre nach all dem Glück meine erste »Pechkarte«.

Nach ein paar Kilometern Fahrt finde ich, was ich suche: ein Plätzchen hoch über dem Fluß. Hier war die Luft wohl nicht »bleihaltig«.

Bis jetzt hatte ich von der grandiosen Bergkulisse nur wenig gesehen; aber am Abend liegt sie dann vor mir. Der Himmel ist wieder klar. Ich stehe – und staune! Mount Drum, Mount Sanford, Mount Wrangell: zusammen mehr als 14 000 Meter Eis und Schnee. Was fühlt man als Erdenwurm beim Anblick einer solchen Natur? Wie konnte ich es wagen, diesen »Gegner« herauszufordern? Was mich jetzt frieren macht, ist nicht nur die Kälte.

Frost und blauer Himmel! Als ich das helle Sonnenlicht sehe, gerate ich in Aufbruchstimmung. Mit etwas Glück lägen heute abend auch die Chugach Mountains hinter mir, das letzte Hindernis auf dieser Alaska-Yukon-Tour. Bis in den Ort Glennallen radle ich auf »Sparflamme«; meine Kräfte würde ich später noch brauchen.

»Closed for the season! Closed until Spring! See you in March!« Die Schilder an Lodges, Restaurants und Clubs machen deutlich: Hier hatte der Winterschlaf bereits begonnen. Das galt nun wohl auch für die Bären. So könnte ich den inneren »Alarmknopf« jetzt wohl endgültig abstellen. Trotzdem werde ich noch einmal an sie erinnert.

Hinter dem Ort überholt mich ein Auto. Die Mütze der Fahrerin hat das Grün des Wagens. Ein Stück vor mir stoppt sie und steigt aus. Nein, das war kein Angebot für einen »Lift«, die Kleine möchte nur etwas plaudern – trotz der beißenden Kälte. »Lynn Goodman, Alaska State Parks – serviceing Cooper Basin Area!« stellt sich die vielleicht Zwanzigjährige vor. Dabei zeigt sie stolz auf den »Patch«[42], der sie als Ranger ausweist. Auf ihre Fragen rassele ich ein paar Antworten herunter: »Yukon, South Alaska, heading for Anchorage!« Eigentlich schade um die Zeit, ich möchte weiter.

»Absolutely great! Absolutely crazy!« Was ich da gemacht hätte: »On push-bike? Unbelievable!« Das wäre so etwas wie ein »Aim of life«, ein »Lebensziel«. Sie sprudelt die Komplimente nur so heraus. Dann glaubt sie, mir noch allerhand Tips mitgeben zu müssen; doch nur einen davon finde ich interessant. Lynns Mittel gegen Bären sind Knallkörper. »Solche«, sagt sie lachend, »die laut ›Bäng!‹ machen; du darfst angesichts eines Grizzlys nur nicht zu sehr zittern, sonst fällt dir das Ding beim Anzünden vor die Füße!«

»Fireworks to chase away grizzlies?« Ähnlich wie bei Mikes Trick höre ich dies zum ersten Mal. Lynn klappert mit den Zähnen. Aber sie ahmt damit nicht die Furcht vor einem Bären nach. »Mich friert es jämmerlich!« gesteht sie mir nun, worauf ich sie ins Führerhaus zurückschicke. Von dort reicht mir Lynn noch ein kleines Andenken aus dem Fenster, »für mein Rad«, wie sie betont. Es ist ein Aufkleber mit einem Weißkopfadler und dem Schriftzug »Alaska State Parks«.

Ich schaute dem Wagen nach. »Verdammt jung und verdammt hübsch – dieser Ranger ›Lynn‹!«

Die Straße wird zur langen Geraden; fast unmerklich steigt sie an. Zu beiden Seiten befinden sich Moorflächen – gefroren zwar, aber noch schneefrei. Das hat einen »Jäger« angelockt, eine Eule. Der braune »Federbalg« hockt voraus auf einem der Telegrafenmasten. Als ich seinen Ansitz passiere, dreht der Vogel den wie kugelgelagerten Kopf. Die Eule schaut so »überlegen-weise« auf mich herab, als wollte sie mit diesem Blick die Worte Lynns wiederholen: »Absolutely crazy! Total verrückt!«

Wolken sind aufgezogen! Sollte es doch Schnee geben? Ich frage zwei Indianer, die am Straßenrand mit dem Wechseln eines Reifens beschäftigt sind: »What do you think about...? Kurz zu mir aufschauend, meint der eine von ihnen knapp: »Cold, but little snow!« Kaum Schnee!« das klang beruhigend. Ich bedanke mich mit einem »Thanks«, aber die Männer haben mir schon wieder ihren Rücken zugewandt.

Das »Spiel« des Wetters scheint sich zu wiederholen: Der Winter ängstigt mich mit ein paar kurzen Schneeschauern, aber dann ist der Spuk wieder vorbei.

Wie gestern, so trage ich auch jetzt vier Lagen Bekleidung. Schwachstelle bleiben die Finger. Zwar haben sich die Norwegersocken als Zweifäustlinge bewährt, aber am Lenker des Rades erstarren die Hände schon durch die bewegungslose Haltung.

Die Bergkulisse, die jetzt links der Straße emporwächst, ist das Kälteste, was ich bisher gesehen habe. Aus jedem Tal der Chugach Mountains kriecht ein Gletscher nordwärts. Der kalte Atem des Eises läßt den meinen noch vor dem Mund gefrieren. Nun steigt die Straße stärker an; es wird ernst!

Schon weit unterhalb des Eureka Summit spüre ich, daß ich es nicht schaffen werde; diesem folgt ja noch der Tahneta Paß; erst danach ginge es endgültig bergab. Dieser »Wettlauf« war ein bißchen viel gewesen: Nicht die Psyche ist es, die streikt, es sind die Muskeln. Mir ist, als hätte ich die Müdigkeit der gesamten Tour in den Knochen. Ein Stück fahren, ein Stück schieben: Was für ein langsames Vorankommen!

Eureka Summit! Die 1100 Meter Höhe lohnen anscheinend kein größeres Schild, das kleine Stück Blech ist fast nicht zu sehen. Aber trotz Kälte und Müdigkeit keimt in mir Siegesstimmung. »Noch ein paar Kilometer, dann hast du es geschafft!« Die Straße senkt sich hinab, steigt erneut an: der Tahneta-Paß! Blieben mir jetzt noch ein, zwei Stunden Zeit, so brächte ich diese eisige Bergwelt gänzlich hinter mich. Aber die Tage sind kurz geworden. Trotz »Jubelstimmung« siegt die Vernunft: lieber eine letzte Frostnacht in den Bergen als eine riskante Abfahrt bei Dunkelheit – nur ein paar Meter vereister Straße, es könnte das »Aus« bedeuten.

Mein Zelt hängt mehr, als es steht. Wo und wie sollte ich es auch in dem betonhart gefrorenen Boden verankern? Lediglich ein paar Weidenzweige waren mir zum Festbinden der Leinen geblieben. Mein Schlafsack ist für etliche Minusgrade ausgelegt; aber in dieser Nacht am Sheep Mountain hilft mir auch mein Island-Pullover als »Bettwäsche« nicht mehr: Ich friere jämmerlich. Die Grenze für Mensch und Material ist erreicht.

Der nächste Morgen beginnt für mich mit einem Lauftraining. Gut, daß mich niemand sieht, wie ich hier in frostiger Höhe auf und ab trabe. Aber es ist für mich die einzige Möglichkeit, wieder Leben in meine Glieder zu bekommen. Und noch eine weitere Verrücktheit begehe ich: Am Abend zuvor hatte ich ein Stück zurück eine Kiste am Straßenrand liegen sehen; sie hole ich mir jetzt. Was für ein Anblick: dieser »Tranporteur« vor der Kulisse der Chugach Mountains! Das Feuer, das ich dann aus den Brettern entfache, ist für mich so etwas wie der Schluck Wasser für den Durstigen in der Wüste.

Ich habe mein Lager abgebaut und gepackt. Drüben steht mein Rad – besetzt mit feinen Eiskristallen. Als ich es anfasse, »knackt« es. Ständer und Reifen sind am Boden festgefroren. Auf ein Antippen mit der Messerklinge antwortet es mit einem leisen »Klack!«. So klingt Metall – tiefgekühlt! »Das kannst du unmöglich belasten«, geht es mir durch den Kopf, »das bricht, da bröckeln dir die Reifen!« Vorsichtig schiebe ich das Rad bis zur Straße. Dort belade ich es so skeptisch, als bürdete ich einem altersschwachen Esel eine zu schwere Last auf. Zu fahren wage ich nicht. So beginnt – wie widersinnig – mein Abstieg aus den Chugach Mountains mit einem Fußmarsch.

Allmählich nimmt der Bewuchs zu. Erst sind es nur ein paar Sitka-Fichten, aber dann verdichtet sich der Baumbestand zum Wald. Nun wage ich doch einen Versuch: Und das Rad – noch immer tiefgefroren – hält; ja es trägt die zusätzlichen 70 Kilogramm, ohne auch nur leise zu knacken. »Sorry, alter Drahtesel, ich hatte dich unterschätzt!«

Was jetzt in mir vorgeht, könnten besser Psychologen beschreiben. Eine Art »Rauschzustand« stellt sich ein. Ich hatte es geschafft: Alaska, den Yukon und – wie ganz nebenbei – die Rockys in Britisch-Kolumbien! Am Matanuska-Gletscher muß ich mich zum Halten zwingen; fast wäre ich an dieser Attraktion vorbeigerauscht. Aber schon geht es weiter; das Rad rollt und rollt! Nach so vielen Meilen treten ist die Abfahrt hinunter zur Cook-Bucht für mich ein wahres Geschenk. Doch beinahe endet dieser Geschwindigkeitsrausch mit einem Desaster: Die Elchkuh kann den lautlos heransausenden Radler nicht hören – und mir versperren Bäume die Sicht. Wie ein Bollwerk steht das Tier hinter der Kurve auf der Straße. Wir teilen uns den Schreck! Als es mich sieht, will es fliehen – rutscht aber in der Hast aus. Dann fängt es sich wieder; in Schräglage stolpert die Elchkuh zurück in den Busch. Der Schlenker, den ich machen muß, um einen Zusammenstoß zu vermeiden, bringt mich fast in den Abgrund. Es wäre ein Sturz den steilen Berghang hinunter geworden, vielleicht der letzte in meinem Radlerleben.

Cascade Creek, Granit Creek, Eska Creek: Hier radelt jemand, als hätte er Rauschgift im Blut. Erst bei Eklutna, der alten Indianersiedlung, die ich schon am ersten Tag meiner Tour passiert hatte, gönne ich mir eine Rast. Die drei Grad plus, die hier unten am Pazifik herrschen, kommen mir geradezu hochsommerlich vor. Aber der Blick zurück zeigt den Winter; noch ein paar Tage vielleicht, dann klettert er aus den Bergen herab.

Mein letztes Camp schlage ich am Eagle River auf. Es ist ein denkwürdiges Lagerfeuer, das dort an jenem Oktober-Abend brennt. Ich äschere alle Ausrüstungsstücke ein, die verschlissen oder gänzlich überflüssig geworden sind: zerrissene, ver-

Nach 5000 Kilometern (bei »hochsommerlichen« Temperaturen von plus drei Grad) wieder an der Cook-Bucht

schmutzte Wäsche, ein paar durchgelaufene Schuhe – allerlei Kleinkram. Vieles hatte ich nur noch zur Sicherheit mitgeschleppt. Am nächsten Tag erreiche ich Anchorage – auf völlig blankgefahrenen Reifen und mit einer Rest-Barschaft von 18 Cent in der Tasche. Müßte ich für mein Rad Übergepäck bezahlen, ich könnte als »Pfand« nur meinen Ausweis hinterlegen.

Die Fahrt ist wie ein Spießrutenlaufen. Wo kommt dieser Radler her, dessen Packtaschen nach großer Fahrt aussehen? Die Leute wußten, daß man auf dem Landweg nur über den Eureka Summit oder den Caribou Pass nach Anchorage kam – aber doch nicht etwa mit dem Fahrrad, jetzt im Oktober?

Als ich wenige Stunden später an Bord der Boeing gehe, die mich über den Pol zurück nach Europa bringen soll, schaut mir die Stewardeß lächelnd entgegen. Sie hat wohl auch Grund dazu: In der Maschine befindet sich eine durchweg »soignierte Gesellschaft«: Geschäftsleute aus Japan. Nun steigt jemand »im Busch-Look« zu. In der Tat: Eine Grauammer unter Paradiesvögeln könnte nicht mehr auffallen als ich zwischen all diesen Beschlipsten.

Eigentlich ist es nicht gestattet, sich während der Abflugphase loszuschnallen; doch ich bitte darum, um eine Aufnahme zu machen. Der Stewardeß gegenüber begründe ich es mit: »Dort unten bin ich zwei Monate mit dem Rad herumgefahren, nun bräuchte ich eine Luftaufnahme – zum Abschied.« Über den Sitzen ist das Zeichen »Angeschnallt bleiben!« noch nicht erloschen, als sie mich nach hinten winkt. Dort befinden sich in Bodennähe zwei kleine Fenster, sie ermöglichen eine freie Sicht. Bei diesem Blick hinunter auf Alaska wird mir erst richtig bewußt, wie knapp ich den Wettlauf gewonnen habe. Unter uns dehnt sich eine endlose Schneefläche. Der arktische Winter hat das Land fest im Griff!

Brief an einen Toten

Die Müdigkeit, die mich während des Fluges überkommt, ist keine gewöhnliche. Da verlangte nicht nur ein arg strapazierter Körper sein Recht, auch eine übersättigte Seele brauchte Ruhe. Der Stau von tausend Erlebnissen, tausend Eindrücken wollte verkraftet sein. Als ich wieder aufwache, ist es bereits Nacht. Heute morgen noch am Lagerfeuer – irgendwo am Eagle River, jetzt an Bord einer Boeing: Ich muß meine Gedanken ordnen wie kurz nach dem Erwachen im Zelt. Bilder aus den zurückliegenden Wochen drängen ins Bewußtsein. Ich sehe mich vor dem lehmverschmierten Rad stehen – hilflos-resignierend; das war am Mount Fairplay; die gleiche Szene später am Campbell Highway; dann der Nachtmarsch durch die Rocky Mountains. Platin Face, die Indianer am Takhanne River – das »Bürstengeräusch« im Morgengrauen fällt mir wieder ein: Zwei Lagen Stoff trennen meinen Kopf vom Maul eines Bären! Ich hole mein Tagebuch hervor und beginne darin zu blättern. Die oft dürftigen Eintragungen lassen die psychische Dimension des Erlebten kaum ahnen.

Zu den Bildern, die aus der Erinnerung auftauchen, gehört auch die kleine Szene bei Mike, dem alten Überlebenstrainer. Zum Abschied hatte er verlegen einen Stein weggekickt. Schon während wir uns unterhielten, hatte ich das Gefühl, daß hier unter einer harten Schale ein sehr weiches Herz schlug. Zu Hause würde ich sofort mein Versprechen einlösen. »Mike«, könnte ich ihm schreiben, »es war nichts mehr mit den Bären in den Wrangell Mountains; die schliefen schon, aber vor Kälte vergaß ich ohnehin deinen Spraydosen-Trick anzuwenden. Dabei hatte ich mir in Tok extra eine Dose Rasierschaum gekauft – zum Einseifen für Grizzlys.« »Shaving-cream for Grizzlies...?« Ich höre Mike Molchan lachen.

Der Brief gehört zu den ersten Dingen, die ich nach meiner Rückkehr erledige. Ob ich wohl jemals Antwort darauf bekäme? Eigentlich rechne ich nicht damit. Sicher kontrollierte Mike in gewissen Zeitabständen das Postfach Nummer 65 in Tok; doch selbst einen Brief zu schreiben, das war für den Einsiedler sicher ein »viel weiterer Weg«.

Monate vergehen. Es ist inzwischen Mai geworden, als mir der Postbote einen Brief bringt – einen kleinen, gelben Umschlag, frankiert als »*US Air Mail*«. Ich schaue auf den Absender: »George Molchan!« Siehe da, hatte mir der Eremit nach einem halben Jahr doch geschrieben! Aber dann stutzte ich: George? Nannte er sich nicht »Mike«? Ein zweiter Blick auf den Absender und auf den Poststempel machen deutlich: Dieser Brief kam nicht aus Alaska, sondern aus den Südstaaten, und nur der Familienname war mit dem Mikes identisch. Skeptisch geworden öffne ich den Brief. Schon der erste Satz, den ich lese, liefert die Erklärung. Mike Molchan ist tot! Die Behörden hatten das auf seinen Namen lautende Postfach in Tok geleert und meinen Brief – nach Ermittlung der Anschrift – an seinen Bruder George weitergeleitet – daher diese Antwort aus Sharon, Pennsylvania. Ich hatte ahnungslos an einen Toten geschrieben.

Nachwort

Vom Glück eines Pokerspielers

Diese Reise war eine Gratwanderung. Hier ging es um mehr als nur um blanke Abenteuerlust. Fünftausend Kilometer Nur-Natur – meist unter konsequentem Meiden von zivilisatorischen Annehmlichkeiten – verlangten eine innere Einstellung besonderer Art.

Trotz guter Vorbereitung blieben eine Reihe Risiken: Bären, Menschen, Wetterbedingungen. Letztere waren es auch, die mich in Verzug brachten. Regenfälle machten den zähen Lehm auf den Pisten Yukons zu einem für Radler fast unlösbaren Problem.

Ein Vorteil: Durch den späten Reisebeginn (August) war die höllische Mückenplage bereits am Abklingen. Lappland kann schlimmer sein! Die 700-Kilometer-Regenfahrt zum Anfang der Tour war zwar ein harter Einstieg, aber vielleicht half gerade er mir, spätere – und wohl noch härtere – Etappen zu meistern.

Fast »nach Plan« kam Ende August der Indian Summer, eine über Wochen nahezu ununterbrochen andauernde Schönwetterlage. Der diesem »Herbst« nachrückende Winter lag in den Bergen fest; die Schneefälle beschränkten sich auf die Höhenlagen. Sie verschonten das flache Land, ja selbst Pässe, so lange, bis ich es geschafft hatte. Der Blick aus dem Flugzeug – wenige Minuten nach dem Start – zeigt, wie knapp die »Galgenfrist« war, die mir der Winter gesetzt hatte.

Dieses »Glück eines Pokerspielers« hatte ich wohl auch bei den Begegnungen. Bereits am Robert Campbell Highway, als ich auf abschüssiger Strecke fast in einen Bären hineinfuhr, hätte die Tour beendet sein können. Der Lehrsatz: »Ein überraschter Bär greift an!« galt in diesem Fall glücklicherweise nicht. Auch das Erlebnis hinter Beaver Creek wäre mit einem anderen Ausgang denkbar gewesen. Es gibt viele Alaska-Stories; aber welcher der Autoren hatte wirklich nur noch »Zeltstoff« zwischen dem Maul eines Bären und dem eigenen Kopf?

So lag die Härte dieser Reise – ob Tiere, Einsamkeit oder klirrender Frost – in der direkten Auseinandersetzung mit der Natur. Es gab keine schützende Blechkarosse, in die ich mich bei Gefahr hätte zurückziehen können, keinen »Kumpel« für den Fall einer Notlage – und erst recht keine »Magnum« für eine etwaige Verteidigung. Meine Waffe waren weniger Fahrtenmesser und Trillerpfeife als der klare Kopf.

Alaska und Yukon per Rad, das hat nichts gemeinsam mit einer Reise im Geländewagen, mit Boot oder Buschflugzeug; erst recht nicht mit »Katalogware«. Für diese Tour hatte das Glück mir die Karten gemischt; und das war sicherlich eine der Voraussetzungen dafür, daß dieses Buch geschrieben werden konnte.

Glossar

1	Ursus	Bär
2	Co	Fliegerjargon: Copilot
3	Domestic flight	Inlandflug
4	Native	Ureinwohner (hier meist im Sinne von Indianer)
5	Squirrel	Eichhörnchen, Erdhörnchen
6	Bastard Toad-Flax	botanisch »Comandra livida«
7	Fairy Bell	botanisch »Disporum hookeri« (auch andere Arten). Beide genannten Pflanzen haben rote Beerenfrüchte; nur die der letzteren sind eßbar
8	Kiesel/Eßgeschirr	Die »Rassel« der Pioniere gegen Bären
9	Lappenpforte	charakteristischer »Gletscherdurchbruch« am See Torneträsk in Nordschweden
10	Food Locker	Behälter, die in Nationalparks zur »bärensicheren« Aufbewahrung von Lebensmitteln bereitgestellt werden
11	No Trespassing	Verbot für das Betreten des so gekennzeichneten Areals
12	Alcan	Kurzform für Alaska Highway – eine Kombination aus Alaska Canadian
13	Cero post	der »Beginn« einer Straße (Null-Meilenstein)
14	Großer Bär	als Sternbild Bestandteil der Flagge Alaskas
15	1 South	Straße Nummer 1, Fahrtrichtung Süd
16	Alayeska	»Großes Land«, angeblich aus der Sprache der Ureinwohner; inzwischen von Sprachforschern als »Land, an dem die Wellen sich brechen« interpretiert
17	Take the money and run	das schnelle Geld machen und dann wieder abhauen
18	Mile post	Meilenstein (Posten)

19	Yukoner	jemand, der im Yukon lebt (im engeren Sinn ein Pionier)
20	Klondike Rush	der Goldrausch am Klondike
21	Nelly the Pig, Klondike Cat	zwei Frauen »mit Ruf« im damaligen Dawson City

22 Übersetzung des Gedichts von Robert Service

»Es gibt ein Land, hast du das gesehen?
Es ist das verfluchteste Land, das ich kenne.
Von den schwindelerregend hohen Bergen, die es beschirmen –
bis zu den totengleichen Tälern zu ihren Füßen.
Manche sagen, daß Gott müde war, als er es schuf,
andere meinen, man sollte dieses Land meiden.
Vielleicht! Aber es gibt einige, die tauschten es gegen kein anderes Land dieser Erde, –
und einer von diesen bin ich.«

23	Cheechako	Neuer, Greenhorn
24	Shift	geologische Verwerfung
25	Yukon	Es ist zu unterscheiden zwischen dem »Yukon River« und dem »Yukon Territory«, deren Kurzform gleich ist
26	Cranberry	Moor- und Berg-Preiselbeere
27	Kinnikinnick	Beerenstrauch, im Habitus der vorstehenden Art ähnlich
28	Händedruck	Der eines Indianers ist »flüchtig«. Der bei uns bevorzugte »feste Händedruck« wird von ihnen als Aggression empfunden. (Gilt möglicherweise nicht für alle Stämme)
29	RCMP	Royal Canadian Mounted Police
30	Rockys	Rocky Mountains
31	Only a distant bear is a safe bear	Nur ein weit entfernter Bär ist ein harmloser Bär
32	Lumberjack	Holzfäller
33	Tsimshian	Indianerstamm im Küstenbereich Britisch-Kolumbiens

34 Panhandle	»Pfannenstiel«. Wegen der geographischen Form Alaskas, die der einer Bratpfanne gleicht, wird der (schmale) südliche Teil als »Stiel« bezeichnet
35 Schule von Walen	Wale, die unter Anleitung eines männlichen Alttieres im Verband schwimmen (meist mit einer Anzahl Jungtiere).
36 Malstrom	gefährlicher Gezeitenstrom bei der Lofoten-Insel Vaerö
37 Tlingit	Indianerstamm im Bereich des Alexander-Archipels
38 Sourdough	»Sauerteig«. Alter Buschgänger, Pionier, das Gegenteil von einem »Greenhorn«
39 psychologische Barriere	»optisches Hindernis« für einen Bären; es hat die Funktion eines »Raumteilers«
40 Lower States	Die US-Staaten »südlich« von Alaska
41 Airstrip	Landebahn
42 Patch	Aufnäher, Abzeichen

Infos

Eine Bemerkung vorweg

Ein Abenteuer-Report wie dieser kann dem Alaska-Kanada-Interessenten die Lektüre klassischer Reiseführer nicht ersetzen. jeder Versuch, es zu tun, würde schon am Umfang des Buches scheitern. Gute Reiseführer bringen es auf mehrere hundert Seiten, ohne dabei Anspruch auf Vollständigkeit zu erheben. Dieser Bericht, durch einen üblichen Informationsteil ergänzt, könnte somit nur Stückwerk liefern.

Außerdem erschien es dem Autor fairer – und praxisbezogener –, statt Lexika-Weisheiten aufzulisten, einige Themen auszuarbeiten, die ansonsten in gleichartiger Literatur nur kurz Erwähnung finden. Hierzu gehört eine Abhandlung über die Indianer, ein Schriftsatz »Mensch und Bär« sowie einige Detailinformationen, die das Verständnis dieses Abenteuerberichtes fördern sollen.

Gerade was das Thema Indianer betrifft, so müßte auffallen, daß es in den offiziellen Publikationen weitgehend ausgeblendet wird oder nur dann Erwähnung findet, wenn man es werbewirksam einsetzen kann. In diesem Zusammenhang sei auch erwähnt, daß keine der von mir angeschriebenen Regierungsstellen mir Auskünfte in diesem Punkt gab – obwohl es hier in erster Linie nur um den Erhalt von »Up-to-Date-Informationen« ging.

Wir und die Indianer

Als im Juli 1741 die beiden russischen Schiffe »Sankt Peter« und »Sankt Paul« vor der Küste des heutigen Alaska aufkreuzten, gab es eine Terra incognita weniger. Aber die Russen fanden bereits Landbesitzer vor: Indianer. Damit war der Konflikt vorgezeichnet.

Die Nachricht von der Entdeckung eines neuen Landes – und von seinen natürlichen Reichtümern (in erster Linie Otterfellen) – zog »Interessenten« an. Für die russischen Pelzjäger bot sich das, Geschäft; denn im Heimatland brauchte man Felle für den Tauschhandel; bei den Indianern war Salz gefragt. Die Russen gingen mit großer Brutalität vor. Das brachte die Indianer auf. »Mißverständnisse« führten zu ersten Auseinandersetzungen. »Doch das Gewehr des weißen Mannes«, so ein Bericht, »war eher dazu angetan, den Frieden zu brechen, als ein Schwarm Pfeile.«

Den Russen, die vornehmlich im Bereich des Alexander-Archipels (Süd-Alaska) siedelten, folgten andere Nationen. Die Händler kamen, wie es heißt, »for quick and large profit«. Zu diesen »Pionieren« gehörten auch die Männer der »Hudson Bay Company«. Die Indianer, in der Verteidigung ihres Landes chancenlos, versuchten, sich mit den Weißen zu arrangieren. Die Folgen waren katastrophal.

Für die Felle, die sie ablieferten, wurden sie oft mit minderwertigem Alkohol entlohnt. In den Handelsstationen, Holzfällerlagern und ersten Siedlungen der Weißen blühte die Prostitution. Die Indianer infizierten sich mit Krankheiten (Masern, Pocken, Geschlechtskrankheiten). Das große Sterben begann. Von dem Stamm der Haida ist belegt, daß er von 8000 auf 500 Mitglieder dezimiert wurde. Im Tagebuch eines Pioniers – er zitiert darin einen Indianer – ist die damalige Situation beschrieben. Die Klage des Ureinwohners lautet: »Sie kommen und nehmen uns das Land weg, sie nehmen uns den Lachs und das Wild, sie machen unseren Frauen Kinder und gehen!«

Um 1880 sahen die Verantwortlichen nur noch ein »Rest-Problem«: Vielleicht starben die Indianer ganz aus, oder das, was von ihnen übriggeblieben war, ging in der weißen Bevölkerung auf. Man schränkte ihre Bewegungsfreiheit ein (Schaffung von – viel zu kleinen – Reservaten, man verbot per Dekret ihre Traditionen, die Landnahme durch Weiße wurde erlaubt).

Selbst die Missionierung (Umerziehung) erfolgte unter Zwang. In den Schulen stand auf der Benutzung der eigenen Sprache die Prügelstrafe.

Trotzdem kam es für die Weißen zu einer unliebsamen Entwicklung. Die Stämme erholten sich zahlenmäßig, der Zuwachs übertraf den der Weißen. Manche Indianer ließen alte Traditionen wiederaufleben. Diese Rückbesinnung »gipfelte« in Landansprüchen, die vor den Gerichten geltend gemacht wurden. Die breite Öffentlichkeit, weit weg von dem, was »in der Wildnis« geschah, wurde hellhörig; die Regierungen machten erste Zugeständnisse. Ein Kanadier, der 1954 das westliche Britisch-Kolumbien besuchte, notierte: »Auch wenn man kein Interesse an dem Thema hat, muß man sich bei dem, was man mit den Indianern macht, doch fragen, ob das alles seine Richtigkeit hat?« (Der Mann hatte – neben anderen Szenen – eine Indianerin beobachtet, die einen Säugling auf dem Arm und drei weitere Kleinkinder am Rock vor einem Alkoholgeschäft auf ihren Mann wartete, der sich drinnen mit Stoff versorgte.)

Solches Umdenken führte zu sozialen Maßnahmen: Hausbau, Ausbau der Strom- und Wasserversorgung, des Schulsystems. Unter humanitären Gesichtspunkten war dies ein Fortschritt für die Indianer. Mit der Zahlung von Sozialhilfe wurde ihr Los weiter gemildert. Um jedoch das Problem von seinem Kern her zu verstehen – und damit auch die heutige noch absolut unbefriedigende Situation –, ist ein Blick auf die indianische Kultur notwendig.

Eine ihrer Haupt-Zeremonien war der sogenannte »Potlach«. Vereinfacht dargestellt, handelte es sich hierbei um ein »Fest«. Der Sinn eines Potlach war, daß der gesellschaftliche Rang des Betreffenden bewiesen, erhalten oder erhöht wurde. Das geschah dadurch, daß man auf die Herausforderung eines Reichen seinen eigenen Reichtum zur Schau stellte, und zwar durch die Kostbarkeit von Geschenken oder gar durch sinnlose Zerstörung. Man zeigte so: Ich bin so reich, daß mir das alles gar nichts ausmacht. Hierzu ein schönes Beispiel: Gastgeber und Gast sitzen sich am Feuer gegenüber, wobei der Geladene durch seine Mimik sein Mißfallen über das »unwürdige« Feuer ausdrückt. Darauf heizt der Gastgeber nach. Aber durch Bedecken seines Gesichtes signalisiert der Gast: »Es ist noch immer ein überaus schäbiges Feuer!« Jetzt läßt der Hausherr ein Kanu zertrümmern und verheizt es. Da kann der Gast mit »seinem Reichtum« nicht nachstehen. Er deckt die lodernden Flammen mit kostbaren Decken ab (die natürlich mit verbrennen). Damit war der Reichtum beider Konkurrenten bewiesen.

Kein Wunder, daß bei einem großen Potlach Unmengen von Gütern in Form von Geschenken den Besitzer wechselten oder als Zeichen des »Reichseins« schlichtweg vernichtet wurden – was in einigen Fällen sogar ihren Wert erhöhte; denn die Bruchstücke waren »Beweis der Größe des Verzichts« – ermöglicht durch Reichtum.

Unter dem so bestehenden Zwang, materielle Güter anzuhäufen, boten Indianer den Weißen ihre Dienste an – vom Fellverkauf bis zur Prostitution. Das war insofern tragisch, als sie damit indirekt Opfer eines ihrer eigenen Bräuche wurden.

Zudem war die Religion der Indianer »erdverbunden« – auch wenn es in ihrem Glauben eine Art Schöpfer und erdferne Kräfte gab. Die ihnen von ihrer Religion auferlegte Verpflichtung, die Schöpfung zu ehren, resultierte in einem Leben in Eintracht mit der Natur. Über sie konnten die Indianer Kontakt zu übernatürlichen Kräften aufnehmen. Tiere, Berge, ja ein Fels, ein Baum waren feste Bestandteile ihrer Religion. Damit waren – wie andere Naturvölker – auch die Indianer abhängig von *ihrem* Land. Der Weg in die soziale Haltlosigkeit läßt sich somit leicht umreißen:

> »Nimm einem Indianer das Land;
> und du nimmst ihm seine Religion.
> Nimm ihm seine Religion,
> und du nimmst ihm seine Kultur.«

Offensichtlich haben es die christlichen Religionen nicht geschafft, diese Lücke zu füllen. Wir brauchen uns deshalb nicht zu wundern, wenn wir heute in einem erschreckenden Maße Apathie und soziales Abgleiten beobachten; und die Art, wie man die Indianer »entschädigt«, nämlich durch die Zahlung von Sozialhilfe, zementiert die Verhältnisse. Sie macht sie abhängig von den Weißen und lähmt die Eigeninitiative. Dabei kommt bei der Nutzung der Reichtümer des Landes der Industrie der Weißen zugute, daß schon der Bildungsrückstand der indianischen Bevölkerung deren Konkurrenz ausschließt. So ist man im Management unter sich. Die inzwischen erfolgten Gründungen einiger indianischer Kooperativen ändern bei realistischer Betrachtung nichts an der Verteilung der materiellen Güter. »Potlachs« könnten sich heute nur Weiße leisten!

Der Reisende, der in Anchorage in einem Geschäft, das unter indianischer Führung steht, einkauft, der in Haines die Vorstellung einer Tanzgruppe der Tlingit besucht oder dem per Video-Spot in einer Touristen-Information »Indian Life« anhand der Arbeit eines Totem-Schnitzers vorgeführt wird, sollte sich von dem Gedanken freimachen, er habe den sozialen Alltag gesehen.

Totems haben viele Gesichter

Wer Süd-Alaska und das westliche Britisch-Kolumbien bereist, dem werden in Orten mit alter indianischer Tradition die mächtigen Wappenpfähle auffallen. Diese »Totems« sind die größten uns bekannten Schnitzwerke. Irrig ist jedoch die Annahme, daß es sich hierbei um religiöse Bildnisse handelt. Mehr noch als den Familienstammbaum verkörpern sie das »Erbe des Ahnherrn«. Für die Wissenschaft sind Totems noch immer ein Rätsel. Man weiß weder um ihren Ursprung, noch sind alle Zusammenhänge geklärt. Vieles blieb bis heute Spekulation.

Wie Handzeichnungen aus den Entdecker-Jahren zeigen, standen Totems früher unmittelbar an den Häusern. Teilweise hatten sie die Funktion eines Einganges. Eine vom Dorf abgesetzte Aufstellung stand meist in Zusammenhang mit einem Ereignis (etwa dem Tod eines hohen Familien-Mitgliedes). Heute findet man Totems praktisch nur noch als »Solitäre« – oft am Wegrand.

Die oberste Figur eines Totems zeigt (in der Regel) die Herkunft des »Hauptbesitzers«, die unteren die Familie (Abstammung) der Frau. Andere Figuren nehmen Bezug auf die Familiengeschichte. Auffällig ist die Häufigkeit bestimmter Tierbildnisse (z. B. Wolf, Adler, Bär). Zum Wappentier gewählt, haben sie stets eine Ursprungsgeschichte. Durch die räumliche Zuordnung des Totems zu einem bestimmten Haus konnten Fremde anhand der Abbildungen erkennen, ob sie mit der Familie verwandt waren. Um deutlich zu machen, daß man Totems intensiver erlebt, wenn man einige der Abbildungen interpretieren kann, werden nachfolgend in Kurzform die Geschichten vom »Frosch« und vom »Mörderwal« zitiert. Auch wird das in diesem Buch abgebildete Totem »Loch-in-den-Himmel« kurz erläutert.

Von den Fröschen. Nachdem eine Frau einen Frosch beleidigt hatte, nahmen die »Froschleute« sie gefangen. Zwar gelang es ihren Angehörigen, sie zu befreien, aber die Frösche zeigten ihre Macht dadurch, daß die Frau von nun an unfähig war, menschliche Kost zu sich zu nehmen. Sie verhungerte. Um einem Wiederholungsfall vorzubeugen, ehrte man die Frösche, indem man sie als Wappentier wählte.

Von den Mörderwalen. Ein Indianer, den man auf einer Insel ausgesetzt hatte, entdeckte dort die Höhle des Mörderwals. Da dieser krank war, heilte er ihn, worauf der Indianer die Fähigkeit bekam, aus Holz Wale zu schaffen, die, nachdem er sie ins Wasser gesetzt hatte, lebendig wurden. Diese Wale zerstörten die Boote derer, die den Indianer ausgesetzt hatten. Er selbst durfte von nun an den Wal als Wappen benutzen.

Das »Loch-in-den-Himmel-Totem«. Bei diesem Totem fällt der Wolf als Wappentier des Besitzers auf. Jener Indianer war Mitglied im Unterstamm der »Wölfe«. Der Wolf an der Spitze ist der sogenannte »Wander-Wolf«, er erinnert an den gewaltsamen Tod eines Kindes während einer großen Wanderung der Familie. Der

Bruder des Pfahlbesitzers wurde von einem Wolf entführt; daher die Abbildung einer Gestalt, die sich am Schwanz eines Wolfes festhält. Der Bär mit dem geöffneten Leib ist das (untergeordnete) Familienwappen; er wird von einem Wolf bedroht. Die von zwölf menschlichen Figuren umrahmte Öffnung wurde früher mit Hilfe von Leitern als Hauseingang benutzt, dies jedoch nur bei bestimmten Zeremonien. Das Totem steht am Ortsrand von Kitwancool (Cassiar Highway). In Karten findet man das Dorf auch als »Kitmancool« oder »Kitwancoal« bezeichnet.

Mensch und Bär

Alaska und Kanada sind Bärenland. Vom Eisbären im arktischen Bereich abgesehen, gibt es in Alaska schätzungsweise 50 000 Schwarzbären und etwa 40 000 Braunbären (Grizzlys). Die Population im Yukon-Territorium wird insgesamt mit 40 000 angenommen. Diese Zahlen sind grobe Werte; es gibt hierzu die unterschiedlichsten Veröffentlichungen. Immerhin belegen sie, daß in diesen Gebieten – das gilt natürlich auch für das vom Autor bereiste Britisch-Kolumbien – Bären nicht gerade selten sind.

Eine hieraus abzuleitende Gefahr für Menschen ist nicht konkret zu beziffern; auch jede diesbezügliche Statistik ist wertlos. Den Opfern von Bären (wie dpa meldete, waren es kürzlich zwei Jäger) helfen die »günstigen« Zahlen – man findet sie immer wieder zur Beruhigung abgedruckt – nichts. Das Schicksal dieser Opfer mit »Pech« zu erklären, wäre makaber. Diskussionen zum Thema Bär sind nur deshalb oft so kontrovers, weil vorab nicht geklärt ist, von welcher Reiseart der Diskutierende ausgeht.

Wer im Auto durch Kanada und Alaska fährt, in einer Lodge oder in der »Wohnburg« eines belebten Campingplatzes übernachtet, wer in der Gruppe wandert oder in Begleitung eines bewaffneten Aufsehers, wer beim Kontakt mit der Natur eine Rückzugsmöglichkeit hat (Boot, Fahrzeug, Blockhaus etc.), der wird die Gefahren anders einschätzen müssen als jemand, der allein auf »Hiking-Tour« geht. So jemand wird sogar in Abhängigkeit von der Jahreszeit, der Höhenlage des Trails und der geologischen Ausformung des Terrains vielleicht zusätzliche Gefahrenmomente berücksichtigen müssen.

Identifizierung

Schwarzbären sind keinesfalls immer schwarz; Exemplare mit braunem Fell sind nicht selten. Häufig – aber unterschiedlich deutlich ausgeprägt – ist bei ihnen ein heller »Brustfleck«. Das Hauptunterscheidungsmerkmal zu einem Grizzly ist ihr Profil. Die Nacken-Rücken-Linie, wie auch die Stirn-Nasen-Linie sind beim Schwarzbären gerade.

Ihre Fährte (Hinterhand) hat die Form eines »gestauchten« menschlichen Fußabdruckes. Ihr Gesamtbild ist eher rundlich.

Schwarzbären erreichen eine Schulterhöhe von knapp einem Meter – und bei einer Länge von anderthalb Meter ein Gewicht bis zu 300 Kilogramm. Diese Angaben beziehen sich auf (die stets größeren) männlichen Tiere.

Schwarzbären können klettern und so ihr Opfer auf Bäume verfolgen.

Braunbären (Grizzlys) variieren in der Färbung ebenso wie die vorgenannten. Neben Brauntönen bis ins Gräuliche kommt auch Schwarz vor. Zwei markante Merkmale sind die konkave (durchgebogene) Stirn-Nasen-Linie sowie der »Hump«, ein Muskelbuckel im Schulterbereich. Da diese Merkmale bei Jungtieren noch nicht voll ausgeprägt sind, können diese mit Schwarzbären verwechselt werden.

Die Fährte eines Grizzlys (Hinterhand) hat fast die Form eines menschlichen Fußabdruckes. Ihr Erscheinungsbild ist damit nicht rundlich, sondern länglich-oval. Die Abdrücke der Vordertatzen beider Arten ähneln sich dagegen sehr.

Die Schulterhöhe eines Grizzlys liegt bei einem Meter, bei zweieinhalb Meter Länge erreichen sie ein Gewicht von ca. 500 Kilogramm. Wirklich große Grizzlys gibt es kaum noch. Alte Jagdfotos zeigen Bären, deren Tatzen die Größe eines menschlichen Kopfes hatten. Diese »Old Greys« wurden Opfer der Trophäensammler. Begünstigt durch die neuen Schutzbestimmungen, werden solche Exemplare in den kommenden Jahrzehnten vielleicht wieder heranwachsen.

Grizzlys können nicht klettern. Aufgerichtet erreichen sie jedoch Gegenstände in dreieinhalb Metern Höhe.

Lebensraum und Nahrung

Schwarzbären sind »Waldgänger«, sie bevorzugen dichte Vergetation. Grizzlys dagegen wechseln ihren Standort. Im Frühjahr halten sie sich in den Bergtälern auf; mit dem zunehmenden Angebot an Wildbeeren wechseln sie an und über die Baumgrenze, um im Spätherbst erneut in die Täler abzusteigen.

Entgegen dieser Regel halten sich Bären, die gelernt haben, daß menschliche Siedlungen eine Futterquelle sind (Abfälle), in der Nähe der Wohnbereiche auf – auch wenn das Biotop nicht dem klassischen Lebensraum entspricht. Gleiches gilt für die sogenannten »Campground bears«, die zum Schrecken für Camper und Zeltbewohner werden können, da sie sich ihr Futter notfalls mit Gewalt beschaffen. Solche Bären werden mitunter narkotisiert und dann in entlegene Gebiete abtransportiert.

Von November bis April (mit gebiets- und klimabedingten Verschiebungen) halten Bären Winterschlaf.

Bären sind Allesfresser. Auf ihrer Speisekarte stehen Heidelbeeren und Fisch ebenso wie Elchfleisch, Aas, Wurzeln und Erdhörnchen. Ihr Geruchssinn ist so gut entwickelt, daß sie eine vergrabene Konservendose wittern.

Achtung, Bär!

Neben den beschriebenen Fährten sind frische Losung (ballenfladenartig), Grabspuren (aufgewühlte Erdhörnchenbauten), gerissenes Wild und Fischreste (wegen des Überangebots an Lachs fressen Bären nur noch die leckersten Teile) ein Indiz dafür, daß Bären nicht weit sind. Eine Ansammlung von Krähen oder Raben verrät das Vorhandensein von Aas. Erfahrungsgemäß kehren Bären an eine solche »Futterstelle« zurück. Von Grizzlys ist bekannt, daß sie Bäume »markieren« (Kratzspuren). Bei all diesen Anzeichen ist Vorsicht geboten.

Sichtkontakt

Die Sicherheitsdistanz zu einem Grizzly wird mit einer Viertelmeile (etwa 400 Meter) angegeben. Für Schwarzbären heißt es nur, daß die Distanz geringer sein kann; ein fester Wert wurde in der entsprechenden Literatur nicht gefunden. Die »Grenzlinie« liegt bei 50 Metern. Wer sie überschreitet, begibt sich in den Persönlichkeitsbereich des Bären und wird dadurch zum »Aggressor«. Sobald man einen Bären auf kritische Distanz bemerkt, sollte man sich still zurückziehen. Kein Foto wiegt die Gefahr auf, in die man sich sonst begibt.

Zum Thema Bärenfoto: Viele der veröffentlichten Fotos gleichen sich. Der Grund ist simpel. Sie wurden – eine der besten Möglichkeiten – in Nationalparks vom Auto aus geschossen oder an bekannten Flußabschnitten zur Zeit der Lachszüge. An solchen Plätzen haben sich die Bären schon an die Anwesenheit von Menschen gewöhnt. Wirklich gute Aufnahmen sind selten.

Zu den wenigen Ausnahmen gehören die Fotos des Japaners Michio Hoshino, teilweise im GEO Spezial-Heft zu Alaska veröffentlicht, sowie die des Biologen Matthias Breiter. Sein Bildband »Die Bären vom Brooks River« erschien 1999.

Die »Sprache« des Bären

Man kann fast überall nachlesen, was nicht stimmt: nämlich, daß Bären schlecht sehen. Entgegen der ihnen nachgesagten Kurzsichtigkeit ist wissenschaftlich belegt, daß das Sehvermögen eines Bären etwa dem eines Menschen entspricht – mit dem Unterschied, daß er seiner Nase mehr traut als seinen Augen. Ein Bär braucht zur Bestätigung dessen, was er sieht, die »Vergewisserung« durch den Geruchssinn. Richtet sich ein Bär auf und wiegt den Oberkörper und den Kopf, so ist dies ein Zeichen dafür, daß er das, was er sieht, mit der Nase zu identifizieren versucht. Es ist kein Ausdruck von Aggression.

Bären reagieren auf anhaltenden Streß (zu große Annäherung, Störung beim Fressen) mit deutlicher Nervosität. Blickt ein Bär in einer solchen Situation dann scheinbar unbeteiligt in eine andere

Richtung, so steht sein Angriff bevor. Mit diesem »Wegschauen« will er dem Störenfried eine letzte Chance geben, zu verschwinden.

Grizzlys sind bekannt für Scheinangriffe. Sie stoppen eine vermeintliche Bedrohung durch einen »Angriff aus dem Stand«, den sie mitunter erst kurz vor dem Objekt abbrechen (Annäherung bis auf drei Meter). Eine lebensbedrohliche Situation ist gegeben, wenn der Bär – statt im Schnellstart – sich zunächst langsam nähert, um dann mit zunehmender Geschwindigkeit in direkter Linie anzugreifen.

Ebenso signalisieren »Zähnerasseln«, »Brummen«, »Ohrenanlegen« und »Kopfsenken« höchste Gefahr.

Die Konfrontation

Bären mögen keine Menschen! Unser Geruch ist nicht der ihrer Beutetiere. Bären sind auch nicht grundlos aggressiv. Werden sie nicht gestört und gibt es nichts zu verteidigen (den eigenen Freiraum, Futter oder Junge), so gehen sie ihres Weges. Man könnte sagen, das Problem ist nicht der Bär, sondern der Mensch mit seinem Fehlverhalten.

Bären haben ein gutes Gedächtnis. Hat ein Tier gelernt, daß eine Feuerstelle oder ein Zelt »Futter« bedeuten, daß Schmerzen von Menschen verursacht werden (nicht wenige Bären wurden angeschossen), so ist ein solches Tier nicht mehr unvorbelastet. Da man dies nie weiß, ist jeder Bär als gefährlich einzuschätzen.

Sehen wir einen Bären, und hat er uns noch nicht bemerkt, so heißt es, sich still verdrücken. Zeigt sein Verhalten, daß wir uns verraten haben, dann sofort unbeweglich verharren. Reagiert der Bär lediglich mit Neugier, so empfiehlt sich »Lärmen«. Dieser Lärm muß plötzlich und laut einsetzen (Zusammenschlagen von Kochgeschirr, Trillerpfeife, Warnschüsse, Zünden von Knallkörpern u. ä.). Haben wir dazu nicht – oder nicht mehr – die Möglichkeit und versucht uns der Bär zu identifizieren, so müssen wir ihm dabei helfen; denn je länger das Tier im Ungewissen ist, desto nervöser wird es.

Es gibt folgende Möglichkeiten: Langsames »In-den-Wind-Gehen« (dann kann der Bär Witterung aufnehmen), langsames »Armeschwenken« (diese Bewegung führt keines seiner Beutetiere aus), »ruhiges Sprechen«.

Jeder Versuch, den Bären zu vertreiben, ist zu unterlassen. Niemals auf das Tier zugehen! Hektische Bewegungen und Angstschreie reizen den Bären.

Behält das Tier seine Position, so zieht man sich langsam (!) zurück. Es darf nicht nach Flucht aussehen. Würde er uns mit einer fliehenden Beute verwechseln, so hätten wir keine Chance (man hat bei Bären Laufgeschwindigkeiten von 60 bis 70 Stundenkilometern gemessen). Folgt uns der Bär auf dem Rückzug, dann sofort (!) stehenbleiben.

Nähert sich der Bär weiter, kontinuierlich, ruhig – aber bestimmt – auf ihn einreden. Hält ihn dies noch immer nicht ab, dann die Stimme »deutlich-drohend« heben.

Ein letztes Mittel, seine Neugier zu stoppen, ist das Überlassen von Gegenständen (Rucksack, Mütze, Jacke o. ä.). Man legt sie mit ruhigen Bewegungen ab und versucht den Rückzug. Erfahrungsgemäß »beschäftigen« sich Bären mit solchen Gegenständen, was einen Zeitgewinn bedeutet.

Es ist ein großer Vorteil, wenn man bei einer solchen Begegnung ein »psychologisches Hindernis« zwischen sich und den Bären bringen kann (Bachlauf, Tümpel, Felsen, umgestürzten Baum etc.). Es markiert eine Grenze, an der in der Regel auch ein Scheinangriff endet. Die blitzschnelle optische Sondierung des Geländes nach solchen »Barrieren« gehört bei der Begegnung mit einem Bären zu den ersten Rettungsgedanken. Sie sind auf einem Rückzug möglichst zu nutzen.

Kommt es trotz Einhaltung dieser Regeln (die auf praktischen Erfahrungen von Trappern, Jägern, Rangern und anderen Buschgängern basieren) zur schlimmsten aller Situationen, dem Angriff, so hilft im Falle eines Schwarzbären nur noch die Verteidigung mit allen Mitteln (Gerätschaften, Äste, Steine), folgt der Bär auf einen Baum, dann verteidigt man sich mit Fußtritten, Schlagen und Stechen, wobei die Nase des Bären das Hauptziel sein sollte. Sich »totstellen« beim Angriff eines Schwarzbären wäre

Selbstmord, denn er würde uns dann als Beute betrachten. Dagegen bietet sich durch rigorose Selbstverteidigung eine reelle Chance, den Bären abzuwehren. Völlig anders ist die Situation beim Angriff eines Grizzlys. Jede Gegenwehr würde das Ende bedeuten. Hier lautet die Regel: Sich fallenlassen, totstellen, dabei die Knie zum Schutz des Bauches anziehen, das Gesicht dem Boden zuwenden und den Nackenbereich durch Hände und Unterarme schützen.

Man geht hier von der Erkenntnis aus, daß der Grizzly in dem menschlichen Opfer nicht »Futter« sieht, sondern den Störenfried ausschalten will. Das ist ihm mit dessen »Tod« gelungen. Deshalb ist das »Totspielen« so lange beizubehalten, bis sich der Grizzly entfernt hat. Sollte er eine Bewegung seines Opfers bemerken, würde dies sofort zu einem neuen Angriff führen; verständlich, daß der Betroffene für diese letzte aller Chancen Nerven wie Drahtseile benötigt.

Verhalten in Bärenland

Ein überraschter Bär greift (in der Regel) an! Um dieses Gefahrenmoment weitgehend auszuschließen, verhält man sich in Bärenland nicht still.

Wer durch den Busch geht (wandert), muß es »laut« tun, auch wenn ihm ein solches Verhalten widerstrebt. Empfohlen werden »Singen«, »Sprechen, »Pfeifen«, »Klappern mit Gegenständen« (Eßgeschirr und Löffel etc.). Häufig werden – über den Schuhschäften an der Bekleidung befestigt – kleine Glöckchen getragen. Die Geräusche sollen einem Bären unsere Annäherung signalisieren. In aller Regel wird er uns dann aus dem Weg gehen.

Zu bedenken ist, daß Fließgeräusche von Wasser oder stärkere Windgeräusche eine solche Vorwarnung übertönen können. Erhöhte Vorsicht ist auch dann geboten, wenn man gegen den Wind wandert. Dem Bären ist damit die Witterungsaufnahme erschwert.

Beim Zelten in der Wildnis sollten Vegetationsgrenzen (Waldränder, Buschsäume, Fluß- und schmale Seeufer) gemieden werden. Sie sind bevorzugte Gangwege der Bären. Zelten in der Nähe von Strauchwerk mit Beerenbehang oder an Stellen mit flächigem Beerenbewuchs provoziert Bärenkontakt.

Am Camp müssen Fremdgeräusche wahrgenommen werden können, was Zelten bei Wasserfällen oder lautfließenden Gewässern ausschließt.

Wenn möglich, ist ein Fluchtbaum zu bestimmen. Sein Erklettern sollte im voraus überdacht sein, denn an einem glatten, astlosen Stamm könnte man im Ernstfall scheitern.

Wo es sich anbietet, sind Geländevorteile zu nutzen (Abbrüche oder Felsen als »Schutzschild« und Fluchtmöglichkeit).

Für eine Frau gilt: Während der Menstruation niemals zelten – zumindest nicht in der freien Natur. (Eines der letzten Opfer eines Bären war eine 21jährige Studentin; man fand sie halb aufgefressen.)

Zum Problem Verpflegung: Das Aufbewahren von Lebensmitteln im Zelt ist tabu; dies gilt auch für Seife und Shampoo. Es empfiehlt sich das »Aufseilen« in einen Baum. Wenn die Verpakkung es zuläßt, ist auch eine Lagerung unter Wasser möglich. Abfälle nicht vergraben, sondern bis zur Geruchlosigkeit einäschern. Eß- und Kochgeschirr sind nach dem Gebrauch zu reinigen (Auskochen) oder im Feuer von Gerüchen zu neutralisieren.

Fisch ist möglichst in fließendem Wasser auszunehmen. Auf die Zubereitung stark riechender Speisen sollte verzichtet werden. Der Bekleidung darf kein Essensduft anhaften. Ranger empfehlen inzwischen einen Sicherheitsabstand zwischen Zelt und Feuerplatz von 100 Metern; denn leider halten sich zu viele »Naturfans« nicht an die Regeln. Durch Zurücklassen von Verpackungsmaterial und Essensresten (Wegkippen, unvollständiges Verbrennen, Verscharren) lernen Bären zunehmend, daß Feuerplätze »Futterstellen« sind. Müßig zu betonen, daß das Füttern von Bären – etwa vom Auto aus – das Leben anderer, die sich ungeschützt in der Natur bewegen, gefährdet.

Reisezeit und Wetter

Wer es vermeiden kann, eine Alaska-Reise im Frühling zu unternehmen, der sollte es nicht tun. Das Naturerlebnis wird noch durch die Folgen der Schneeschmelze beeinträchtigt. Das Land »trieft« vor Wasser. Unbefestigte Straßen sind oft noch schlammig; Truckverkehr erhöht die damit verbundenen Probleme. Die Flüsse führen Hochwasser; Bäche, die man im Sommer bei Wanderungen gefahrlos durchwaten kann, werden zum Hindernis. Bären, sowieso immer hungrig, sind es erst recht in den Wochen nach dem Winterschlaf. Selbst eine frühe Reisezeit schützt nicht mehr vor der Stechmückenplage. Das Service- und Verkehrsangebot ist noch reduziert.

Andererseits ist das Erwachen der Natur aus einem arktischen Winter gerade für den Mitteleuropäer ein besonderes Erlebnis, denn in unseren Breiten verwischen zunehmend milde Temperaturen die jahreszeitlichen Unterschiede. Zweifellos genießt der Frühlingsurlauber auch Preisvorteile – etwa beim Mieten eines Autos, einer Lodge oder bei einem Sightseeing-Flug.

Hauptreisezeit für Alaska sind die Monate Juli und August. Sie bringen die höchsten Temperaturen (Durchschnittswerte Anchorage 15 Grad, Fairbanks 17, Juneau 14). Statistiken sind jedoch immer relativ. So können die genannten Werte unter- wie auch überschritten werden. Ein »richtiger« Sommertag bringt es in Fairbanks auf 25 Grad. Hier gilt die Regel: je weiter von der Küste entfernt, desto größer die Schwankungen.

Diese »Wärme«, aber auch der Terminzwang durch Kinder (Schulferien), führt zur »Touristen-Schwemme«. Die Campingplätze an den Brennpunkten sind randvoll, ein Platz in einer Lodge ist Glückssache, die Fährschiffe (Inside Passage) sind kabinenmäßig und für den Autotransport ausgebucht. Für die Bahnverbindung Anchorage–Denali-Nationalpark ist Platzreservierung angesagt. Die grobmaschige Infrastruktur des Landes kann den Touristenstrom kaum verkraften – zumal alle die gleichen Ziele haben (Nationalparks, Gletscher) und durch das Fehlen von Alternativen die gleichen Verkehrswege benutzen.

Ein weiterer Nachteil eines Alaska-Sommerurlaubes: Das Milliarden-Heer der beißenden und stechenden Insekten ist zu dieser Zeit voll entwickelt.

Wer nicht beruflichen oder anderen Zwängen unterliegt, der sollte im Spätsommer bis Herbst reisen. Er umgeht damit die Begleiterscheinungen eines »boomenden« Tourismus. Fährschiffe und Züge sind fast leer, nirgendwo mangelt es an Platz. Eine Wohltat: Die Insektenplage ist inzwischen zusammengebrochen. Gleichzeitig kommt er in den Genuß des Farbenrausches des Indian Summer – ein Erlebnis von bleibender Erinnerung. Bereits Ende August beginnt in höheren Lagen die Verfärbung des Laubes. Im September steht die Landschaft »in Flammen«. Das Farbspektrum ist an der Baumgrenze und dort, wo nicht reiner Nadelwald dominiert, am eindrucksvollsten.

Woher manche Reiseführer die Angaben über »hohe Niederschläge« zur Indian-Summer-Zeit nehmen, ist mir unklar. Was mir Kanadier und Alaskaner »vor Ort« bestätigten: »fair and stable weather-conditions« (stabile Schönwetterlagen), fand ich durch ein fast sechs Wochen währendes Hoch bestätigt.

Als sprichwörtlich »naß« gilt dagegen das Gebiet des Alexander-Archipels. Bei Niederschlagswerten von bis zu über 5000 Millimeter (5 Meter Wassersäule) pro Jahr ist dies nicht zu leugnen. Längere Sonnenschein-Perioden sind in diesem Bereich zu jeder Jahreszeit selten.

Eine späte Reisezeit erhöht jedoch das Gewicht des Gepäcks. Von der unmittelbaren Küstennähe abgesehen, kann es bereits Ende August zu ersten Nachtfrösten kommen. Warme Zusatzausrüstung ist dann unerläßlich. Eine Selbstverständlichkeit: *Jeder* Alaska-Urlaub ist ohne einen »Allwetterschutz« undenkbar.

Das für Alaska Gesagte gilt im Prinzip auch für den von mir bereisten Teil Kanadas – mit dem Unterschied, daß (von der »nassen« Küstenregion Britisch-Kolumbiens abgesehen) das Klima eher kontinentale Merkmale aufweist. Das führt zu stärkeren Gegensätzen zwischen Inland und Randbereichen.

Die Gebirgszüge der nördlichen Rocky Mountains, der Coastal, St. Elias und der Wrangell Mountains schirmen das Land gegen die feuchte Pazifik-Luft ab. Die Folge: mehr Sonnenschein und weniger Niederschlag östlich dieser Klima-Barriere.

Besonders für Radler von Interesse: Die Hauptwindrichtung für die bereisten Gebiete ist Südwest bis West – mit der möglichen Folge von Föhnsturm nördlich und östlich der Gebirgsketten (Chinook). Besonders im Yukon führen Kaltlufteinbrüche aus Nordost zu Unwettern (Sturm, Hagel).

Jedem Natur-Reisenden wird darüber hinaus empfohlen, sich ein Grundwissen an Wetterkunde anzueignen. So manche Radtour oder Wanderung hätte durch richtiges Einschätzen meteorologischer Zeichen (Wolkenbilder etc.) gerettet werden können. Aus der Vielzahl der hierzu möglichen Literatur wird auf das Taschenbuch »Meteorologie«, Rowohlt Sachbuch 7927, verwiesen.

Meine Tour im Detail

Ausrüstung und Verpflegung

Ein Blick in die Kataloge der Fahrradhersteller und der Firmen für Outdoor-Ausrüstung machen den Trend deutlich: schöner, bunter, teurer. Die Entscheidung über Qualität und Gebrauchswert fällt die Praxis.

Diese Extremtour wurde mit einem Kettler-Alurad (Typ Daxi), also mit einem gewöhnlichen Tourenrad – ausgestattet mit einer 3-Gang-Nabenschaltung –, durchgeführt. Auch ein 24gängiges Mountain-Bike hätte der Lehm auf den Pisten im Yukon gestoppt. Die Frage, welcher Radtyp sich für solche und ähnliche Touren am besten eignet, ist überflüssig. Wer, wie der Autor, mehr als eine Erdumrundung im Fahrradsattel gesessen ist, der erhebt die Typenfrage nicht mehr zur »Religion«. Modischer Zeitgeist und »Argumente« reduzieren sich in der Praxis auf das, was schon die Pioniere im australischen Outback erkannten. Aus jener Zeit stammt der Ausspruch: »A bike does ist, if the man does!« Das Rad packt es, wenn der Fahrer es schafft – oder kürzer ausgedrückt: »Jedes Rad ist nur so gut wie sein Fahrer!«

Für den, der es etwas genauer wissen möchte:
Der Kilometerzähler zeigte am Ende der Tour 4819 km, wobei mehrere Teilstrecken wegen völliger Verdreckung des Gehäuses nicht erfaßt wurden. Gefahren wurde auf »Schwalbe-Marathon«. Außer dem Wechsel des Sattels (Leder gegen Plastik), dem Anbau eines weiteren Gepäckträgers und eines Zweibein-Ständers erfolgten keine technischen Veränderungen.

Das Gewicht des Gepäcks lag bei 30 Kilogramm, das des Fahrers bei 70. Es gab 8 Speichenbrüche, dagegen nur drei Plattfüße. Durch größere Aufmerksamkeit (weniger Naturbeobachtung während des Fahrens) hätte sich das Speichenproblem reduzieren lassen. Ein gerissener Schaltzug und ein gesprengter Kugellager-Ring waren wohl die Folgen von Dauerbelastung. Die vor Beginn der Tour neu aufgezogenen Reifen – wie auch das Ersatzpaar – wurden verschlissen. Alle Schrauben mußten (wegen des Rütteleffekts) mit Stopp-Muttern gesichert werden.

Als Zelt wurde ein Fjällräven »Lowait« benutzt. Bei minimalem Gewicht (unter 3 kg) bot es ausreichend Innenraum, Stauraum (Apsis) und die notwendige Doppelwandigkeit. Die Bekleidung bestand aus Wolle/Baumwolle, Jacke: Fjällräven »Hunter«, Nieren- und Gelenkschutz »Medina«. Ansonsten wurde in hohem Maße gebrauchte Militärware getragen – nicht nur im Wissen um die günstige Preis-Qualitäts-Relation, sondern aus der Einstellung heraus, daß Mode nicht in den Busch gehört. »Durchgestylt« und regenbogenfarben auf Tour zu gehen (das ist der augenblickliche Trend) widerspricht meiner Philosophie.

Ein Paar »übliche« Schuhe wurden verschlissen, als Hauptschuhwerk jedoch original »Canadian Badlanders« getragen. Diese haben mich während der letzten 20 Jahre (!) auf all meinen Touren begleitet; ihre Qualität erscheint mir unübertroffen. Als Schlafsack wurde der Typ »Nordkap« verwendet (Temperaturbereich bis unter −10 Grad). Die »atmende« Regenbekleidung fiel glatt durch – keine neue Erkenntnis auf Radtouren. Es erfolgte der Rückgriff auf die Zweitausstattung (Helly Hansen), ergänzt durch einen Südwester. Bei Regenfahrten und Wanderungen in nassem Gelände wurden einfache Gummistiefel – mit um die Hälfte gekürztem Schaft – getragen.

Zur »Notausrüstung« gehörten: Folien-Decke, Trillerpfeife, Signalspiegel, wasserdichte Halogen-Taschenlampe, für den Fall notwendiger Signalwirkung ein rotes Hemd.

Die Ausstattung des »First-Aid-Kit« bestand aus Schmerztabletten, Tabletten gegen Magen-Darm-Störungen, Wundsalbe, Jod-Tinktur, Mullbinden, Hansa-/Leukoplast, sterile Tupfer, Finger- und Augenbinde, Elastikbinde, Abbindeband bei stärkeren Blutungen, Pinzette, Skalpell (4 cm). Vorsorge: Tetanus-Impfung, »Check« beim Zahnarzt.

Probleme gab es mit der Kamera. Sie waren jedoch nicht typenbestimmt. Obwohl vor dem Abflug gewechselt, versagte – dauerbelastet und letztlich temperaturbedingt: tiefste gemessene Tagestemperatur – 13 Grad) – die Batterie. Da ein Nachkauf nicht möglich war, mußte sie zum »Aufwärmen« am Körper getragen werden. Störend war auch das Beschlagen/Vereisen der Objektive.

Für Fotofans sei angemerkt, daß sie womöglich »ihren« Filmtyp weder in Kanada noch in Alaska nachkaufen können. Selbst bei scheinbarer Produktgleichheit verblüfft die Farbwiedergabe. Dem Vernehmen nach ist sie auf den amerikanischen Markt (Geschmack) abgestimmt.

Auf »Sparflamme« gekocht

Die Grundverpflegung bestand während der gesamten Tour aus Erdnußbutter. Sie wurde pur gegessen oder als Brotaufstrich und zum Kochen (selbst zum Braten) verwendet. Diesen wertvollen Energiespender und ernährungsphysiologischen »Hit« kaufte ich bei jeder sich bietenden Gelegenheit nach. Das Abfall- und Transportproblem – die Butter wird meist in Gläsern angeboten – wurde durch Umfüllen in einen Leichtgewichtbehälter (noch am Geschäft) gelöst.

Ferner wurde ein Müsli in »Eigenmischung« verwendet. Da diese auch bereits das Milchpulver enthielt, bedurfte es für Mahlzeiten nur der Zugabe von Wasser – bei günstigem Gewicht, schneller Zubereitung und ohne Transport-, Lagerungs- und Abfallprobleme –: eine ideale (aber langweilige) Radler-Kost.

Der Zukauf an Lebensmitteln reduzierte sich auf Brot, Käse, Hartwurst, Schokolade – einzige Ausnahme: der »Präsentkorb-Kauf« in Watson Lake. Salzverlust wurde durch Trinken von Brühe ausgeglichen. Jahreszeitlich begünstigt, erfolgte die Versorgung mit Vitaminen direkt aus dem Busch, auch das Pilzangebot wurde reichlich genutzt.

Das Angebot der »Stationen« war eine willkommene Abwechslung. Es reichte vom »Eintopf« über »Blaubeerkuchen« bis zu getrocknetem Bärenschinken. Es unterschied sich damit angenehm von dem ansonsten bekannten »Fast-food«; allerdings blieben solche Angebote Zufallsfunde.

Da von Erkrankungen durch Protozoen in Alaska berichtet wurde, erfolgte (auch wegen anderer Risiken) eine Wasserentkeimung durch Kochen oder durch »Mikropur«. Als Kochquelle wurde ausschließlich das Lagerfeuer benutzt. Ein mitgeführter »Esbit« und eine Packung Trockenspiritus dienten der Zubereitung von Tee – manchmal auch zum Händewärmen –, jedoch nur bei Mangel an Feuerholz (z. B. beim Zelten über der Baumgrenze).

Insgesamt dürften Ausrüstung, die Art des Verpflegens und die Tatsache, daß nie eine feste Unterkunft in Anspruch genommen wurde, den Charakter dieser Tour unterstreichen. Das »Suchen der eigenen Grenzen« hatte Vorrang vor den finanziellen Möglichkeiten.

Auch dies war es, was diese Tour mit zu einem Abenteuer machte.

Bücher, Zeitschriften, Karten

Bei der Erstellung des Manuskriptes – insbesondere des Anhangs – wurden folgende *Publikationen* verwendet:

Alaska, Yukon and British Columbia Travel Guide (namensgleicher Verlag, Salt Lake City)
Manfred Wöbcke und Konrad Stein: Alaska Handbuch
Geo Spezial, Alaska

Alaska Northwest Publishing Company: The Milepost
Elmar Engel und Roland Kiemle: Yukon, Alaska Abenteuer-Almanach
Elmar Engel: Kanadischer Abenteuer-Almanach
Ellen Searby: The Inside Passage
Wolf-Ulrich Cropp: Alaska-Fieber
Bessie Doak and Edgar Haynes: The Grizzly Bear, Portraits from Life
J. E. Underhill: Northwestern Wild Berries
Merian: Kanadas Westen
Polyglott: Kanada – westlicher Teil
People of the Totem, in der Übersetzung von Judith Whittaker
Erna Gunther: Indian Life on the Northwest Coast of North America
Claudia Lewis: Indian Families of the Northwest Coast
Tom McFeat: Indians of the North Pacific Coast
Albert P. Niblack: The Coast Indians of Southern Alaska and Northern British Columbia

Offizielle Informationsschriften

Southeast Alaska Travel Planer
Alaska, State Guide
Canada, Reiseinformationen
Yukon Vacation Guide
Tourism British Columbia
The Trail of 98 (Canadian Bank of Commerce)

Karten:

Neben »Alaska«, »Alaska, Yukon, Northwest British Columbia«, »Tongass National Forest Alaska«, »Canada Road Map«, »British Columbia Road Map and Park Guide«, »Super National Road Map British Columbia« und »Yukon, Home of the Kondike« (alle kostenlos bei den regionalen Auskunftsstellen erhältlich) wurden für Reiseplanung und Manuskripterstellung folgende Ausgaben verwendet:

U. S. Geological Survey, Central Alaska (Sheet Number 38–39)
Canadian Map Office (Department of Energy, Mines and Resources)
McMillan River, NP–7/8/9
Dease Lake, NO–9
Prince Rupert, NN–8/9
Sitka, NO 7/8

Tipps:

»Abenteuer mit Alaska-Bären« (Frank Dufresne), 1971 im Berliner Verlag »Neues Leben« erschienen, ist im Handel leider vergriffen und somit nur noch antiquarisch oder leihweise in Bibliotheken erhältlich. Vor einem Kartenkauf lohnt ein Blick in den Spezial-Katalog des »Stuttgarter GEO-Center«; er liegt in Reisebuchhandlungen aus. Die Beschaffung des Katloges für den Eigenbedarf ist wegen seines hohen Preises zu kostspielig.

Plan mit Lage der Campingplätze in Alaska ist erhältlich bei:
Alaska State Parks
Department of Natural Resources
225 A Cordova
Anchorage AK 99501

Die Liste mit den Anschriften und Telefonnummern für ärztliche Versorgung (Krankenhäuser, Ambulanzen, Notdienste) auf allen Straßen Alaskas bekommt man vom:
»Department of Health and Social Services«
Pouch H-06C
Juneau AK 99811

REISEN, MENSCHEN, ABENTEUER

Die neue Taschenbuchreihe SIERRA bei Frederking & Thaler will über die äußeren und inneren Reisen berichten, sie will unterhalten und informieren, Verständnis für Fremdes wecken, die Schönheiten und Wunder unserer Welt aufzeigen, aber auch vor der Zerstörung des Lebensraumes warnen.

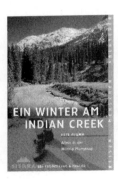

Pete Fromm
Ein Winter am Indian Creek
Allein in der Wildnis Montanas
277 Seiten, 19 s/w-Fotos, 1 Karte
ISBN 3-89405-073-X

Burkhard Schäck
Die Panamericana auf dem Motorrad
Von Alaska bis Feuerland
240 Seiten, 39 s/w-Fotos, 2 Karten
ISBN 3-89405-075-6

Bill Irwin, David McCasland
Dunkle Nacht am hellen Tag
Ein Blinder auf dem Appalachian Trail
204 Seiten,
8 s/w-Fotos, 2 Karten
ISBN 3-89405-099-3

REISEN, MENSCHEN, ABENTEUER

Werner Kirsten
Westcoast-Story
Auf dem Pazifik-Highway
nach Süden
208 Seiten, 44 s/w-Fotos
ISBN 3-89405-082-9

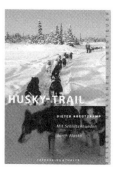

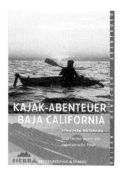

Konrad Gallei
Gaby Hermsdorf
Blockhaus-Leben
Ein Jahr in der Wildnis von
Kanada
221 Seiten, 32 s/w-Fotos,
2 Karten
ISBN 3-89405-014-4

Dieter Kreutzkamp
Husky-Trail
Mit Schlittenhunden
durch Alaska
248 Seiten, 52 s/w-Fotos,
4 Karten
ISBN 3-89405-080-2

Jonathan Waterman
Kajak-Abenteuer
Baja California
800 Meilen durch das
mexikanische Meer
208 S., 24 s/w-Fotos,
1 Karte
ISBN 3-89405-076-4

REISEN, MENSCHEN, ABENTEUER

Carmen Rohrbach
**Der weite Himmel
über den Anden**
Zu Fuß zu den Indios
in Ecuador
208 Seiten, 37 Fotos,
2 Karten
ISBN 3-89405-048-9

Hjalte Tin/Nina Rasmussen
Traumfahrt Südamerika
Auf dem Motorrad
und mit Kindern von
L.A. nach Rio
320 Seiten, 45 Fotos,
3 Karten
ISBN 3-89405-033-0

Burkhard Schäck
**Die Panamericana auf
dem Motorrad**
Von Alaska bis Feuerland
240 Seiten, 39 s/w-Fotos,
2 Karten
ISBN 3-89405-075-6

Carmen Rohrbach
**Inseln aus Feuer und
Meer**
Galapagos – Archipel
der zahmen Tiere
219 Seiten, 41 s/w-Fotos,
1 Karte
ISBN 3-89405-027-6